音読で学ぶ

ドイツ語単語集

1200の語彙と
初級文法が身につく厳選フレーズ

中川純子

Ikubundo

この教科書の音声は、下記の郁文堂のホームページよりダウンロードすることができます。

https://www.ikubundo.com/related/96

▶ 1　本文中のこのマークは音声収録箇所を示しています。数字はトラック番号です。

装丁：成田由弥

はじめに

本書はドイツ語を初めて学ぶ方、一通り勉強したけれど実践的な表現をもっと学びたい、文法を復習しながら基礎を固めたい、単語を覚えたいけれどただ暗記するのは苦手、という学習者の皆さんのために編纂(へんさん)されています。ドイツ語は語形変化が多くて難しい、というイメージを持っている人もたくさんいると思います。本書は、子どもの頃に言葉を学んだ時のように、簡単で実用的な表現をくり返し音読することで、自然なドイツ語が身につくことを目指しています。

各ユニット（フレーズ）には基本語彙1200ができるだけ重複しないように入っているので、効率的に単語を覚えることができます。表現が自然に口から出てくるまで、くり返し発音してみてください。

2020年　著者

特色と使い方

基本構成

第１部

ドイツ語技能検定試験５級から４級程度、またはCEFR* のA1～2相当の語彙・文型・会話表現中心。

第２部

ドイツ語技能検定試験３級程度、またはCEFRのA2～B1相当の語彙・文型・会話表現中心。

付　録

「変化表」「まずはこれだけ！動詞の使い方」「索引」

＊CEFR（ヨーロッパ言語共通参照枠）：外国語の運用能力の評価や教材の作成の指針に用いられるガイドラインで1990年に欧州評議会で作成されて以来、欧州以外でも利用されている。

➡「まずはこれだけ！動詞の使い方」では、動詞に必須の目的語や前置詞などの決まった組み合わせを覚えるために、超シンプルな例文を和訳とともに列挙しました。

本書の特徴

155のユニットに約1200語の基本語彙と初級で必要な文法を凝縮した例文（フレーズ）を収めました。

✔各ユニットはドイツ語例文、その例文で使われている単語・表現の解説、日本語訳から成りたっています。

✔ドイツ語例文は自然な表現なので、そのまま日常会話にも役立ちます。

✔学習者が間違いやすいポイントや知っておくと役に立つ知識を丁寧に解説しました。

✔活用表も見出し語の直後に置き、文法とともに学べるように配慮しました。

➡冠詞類の変化表を単語ごとにあげ、例文で用いられている格と性は表の中で太字で強調しました。

➡不規則動詞は単語ごとに変化表をあげ、不規則になる変化を太字で強調しました。

▶ 5

„Ich spreche Deutsch und Englisch. Und du?"
„Ich spreche ein bisschen Deutsch, aber viel besser Englisch."

■ **sprechen***
[ʃpʁɛ́çən]

動 [自/他] 話す（過去 sprach 過分 gesprochen）

ich	spreche	wir	sprechen
du	**sprichst**	ihr	sprecht
er/sie/es	**spricht**	sie/Sie	sprechen

□ **Sprache** 女 言語（複 Sprachen）

□ **Fremdsprache** 女 外国語

□ **Muttersprache** 女 母語

Meine Muttersprache ist Japanisch.
私の母語は日本語です。

音声（ダウンロード（DL）・ストリーミング）

➡すべての例文をノーマルとゆっくりの２通りの速度で録音しました。
➡例文に用いられた単語も全て録音されています。
➡巻末付録「動詞の使い方」の例文もすべて収録されています。
➡聞き流し用音声も用意しました。
（スロースピード→日本語→ノーマルスピード）

お勧めの学習方法

ステップ1

まずは読み物として最初から順に最後まで読んでください。意味と文法、注意すべき点をしっかり理解すること。音声はその都度確認し、例文は声に出しながら学習してください。

ステップ2

ドイツ語を読んで、日本語が言えること。

ステップ3

ドイツ語音声を聞いて日本語が言えること。

ステップ4

日本語を読んで、ドイツ語が言えること・書けること。

いずれの場合も、できるだけ**声を出して読んで**ください。音声は時間のあるときにいつでも聞き流し、速度、イントネーションなどもまねてシャドーイング練習することをお勧めします。

➡「索引」で単語の知識を常に確認。わからなかった単語は例文に戻って確認！ 聞き流し用の音声もご利用ください。

＊ドイツ語からの日本語訳、あるいは日本語からのドイツ語訳は必ずしも一通りではなく、実際にはシチュエーションや場面によって様々な可能性があります。したがって一言一句、同じでなければならないわけではありませんが、はじめのうちは表現のパターンを覚える意味で、例文通りに言えるよう、くり返し練習することをお勧めします。

目　次

〈テーマ別語彙〉

〈文法コラム〉

謝　辞

本書の出版にあたり、多くの方々のご協力、ご助言をいただきました。できるだけ同じ単語を使わないようにというコンセプトから、例文が不自然にならないよう、何度も推敲を重ね、その度にネイティブスピーカーの助言を受け、修正をくり返してきました。とりわけ湘南日独協会の Arndt-Olaf Friess 氏と Goethe-Institut 専任講師、慶応義塾大学講師の Monika Haas 氏、録音をお願いした Debora Diehl 氏には全文を通して助言をいただきました。心より感謝いたします。

また記述が学習者にとってわかりやすいものであるかどうかを検証するために、早いうちから学習者の意見を聞きながら調整をしてきました。とりわけ湘南日独協会の生徒の皆様には多くの貴重なアドバイスをいただきました。本書は使ってくださった学習者の皆様とともに作り上げたと言っても過言ではありません。なお当然の事ながら記述内容の最終的責任は著者にあります。

浅利葉子氏には初期の段階からページレイアウトをお願いし、学習者に見やすい形をともに模索してきました。深く御礼申し上げます。

その他、紙面の都合上お一人ずつ名前を挙げる事はできませんが、長年にわたりさまざまな方々のサポートを受けながら本書が完成に至った事を記して感謝の言葉とさせていただきます。

著者

第　1　部

1

„Wie heißen Sie?"
„Ich heiße Neus, Hermann Neus. Neus ist mein Familienname und Hermann ist mein Vorname."

wie
[viː]

疑問副 どのように

> 疑問詞で始まる疑問文の文末のイントネーションは、上げても下げてもどちらでもよい。一般には、上げるほうが親しみのある印象になり、下げると客観的、または情報調査のように響く傾向にある。

heißen
[háɪsən]

動 [自] …という名前である、…とよばれている
〈変化〉 du heißt　er/sie/es heißt

> **口調上の調整①**
> 語幹（heißenの場合、heißの部分）の最後がsやss、ß、zで終わる動詞は2人称duの人称変化でstをつけるとsに似た音が重なってくるため、sを1つ省く。結果としてこのタイプでは2人称単数と3人称単数が同形になる。heißenの他、lesen「読む」、essen「食べる」、reisen「旅行する」、tanzen「踊る」などもこれと同じ変化。口調上の調整は、eを入れて口調を整えるfindenタイプ（➡ **30**）と混同しないよう注意。

その他の表現：
Wie ist Ihr Name bitte? — Mein Name ist Leonie Steinmeyer. お名前はなんですか？ — 私の名前はレオニー・シュタインマイアです。

Sie
[ziː]

人称代 あなた（たち）は　（2人称敬称・単数/複数1・4格。人称代名詞の格変化➡巻末・変化表Ⅱ-2)）
《あなた（たち）のSieは文中であっても大文字で書く。一方、3人称単数のsieと3人称複数のsieは文頭以外では小文字になるので注意。》

■ **ich** [ɪç]

人称代 私は（1人称・単数1格。人称代名詞の格変化➡巻末・変化表 II –2)）

■ **mein** [maɪn]

所有冠 私の

	男	女	中	複
1	*mein*	meine	mein	meine
2	meines	meiner	meines	meiner
3	meinem	meiner	meinem	meinen
4	meinen	meine	mein	meine

■ **Familienname** [famíːliənnaːmə]

男 苗字、姓（Nameの格変化➡**9**）

■ **und** [ʊnt]

接続 （並列）そして、…と

■ **Vorname** [fóːɐnaːmə]

男 名前（ファーストネーム、姓に対して個人の名前）（Nameの格変化➡**9**）

■ **sein*** [zaɪn]

動 ［自］(s)（過去 war 過分 gewesen）…である（≒英 *be*）

ich	**bin**	wir	**sind**
du	**bist**	ihr	**seid**
er/sie/es	**ist**	sie/Sie	**sind**

「お名前はなんですか？」
「ノイス、ヘルマン・ノイスです。ノイスが姓でヘルマンが名前です。」

▶ 2

„Woher kommen Sie?“
„Ich komme aus Göttingen.“

■ **woher** [voheːɐ]

疑問副 どこから

□ **wo** どこで　□ **wohin** どこへ

■ **kommen** [kɔ́mən]

動 ［自］(s) 来る 過去 kam 過分 gekommen

〈文法コラム〉　動詞の現在形の役割

Woher kommen Sie? は出身地を尋ねる表現。この場合の動詞の現在形はその人の属性を表すもので、時間的制約のない事実を表す。その他ドイツ語の現在形の主な役割は以下の通り：

1）現在進行中または継続中の事柄

Sie singen. 彼らは歌っている。

Er lernt seit 2 Jahren Deutsch.
彼は２年前からドイツ語を勉強している。

2）未来の事柄

Ich schreibe heute E-Mails.
私は今日、メールを書く。

Nächstes Jahr fahre ich nach Berlin.
来年私はベルリンへ行く。

3）客観的事実、ことわざなど

Japan liegt in Asien. 日本はアジアにある。

Aller Anfang ist schwer. 何事も始めは難しい。

aus

[aʊ̯s]

前（3格支配）…から

ausの他、von（3格支配）も一般に「…から」と訳されるが、ausはaus dem Kühlschrank「冷蔵庫から」、aus dem Regal「棚から」のように、中に入っているものを外に取り出す、あるいは出身地のように一定の区切られた地域の中から外に出るような場合に用いられる。一方vonはvon Hannover bis Berlin「ハノーファーからベルリンまで」のような、ある地点から別の地点へ移るなど、場所や時間を結ぶ場合の起点のイメージである。

「どちらのご出身ですか？」
「私はゲッティンゲン出身です。」

▶ 3

„Wie geht es Ihnen?“
„Danke, gut. Und Ihnen?“
„Es geht. Ich bin etwas müde.“

■ Wie geht es Ihnen?

表現 お元気ですか？、調子はどうですか？
《du で話す関係では Wie geht es dir? または Wie geht's?》

気分を表す表現

sehr gut	とても良い
gut	良い
es geht	まあまあ
nicht so gut	あまりよくない
schlecht	悪い

■ es
[ɛs]

人称代 それ（3人称・単数1・4格。人称代名詞の格変化➡巻末・変化表 II–2）
《ここでの es は、人の心情や生理現象などを表す場合に用いられる文法上の仮主語。》

■ Ihnen
[íːnən]

人称代 Sie の３格 〈格変化〉1格 Sie　3格 Ihnen　4格 Sie
《Sie の３格 Ihnen は、Sie と同様に文中でも大文字で書かれる。》

■ danke
[daŋkə]

ありがとう
《Danke, gut. Und Ihnen?「ありがとう、良いです。そしてあなたは？」は、ほぼ習慣的な決まり文句。》

■ etwas
[ɛ́tvas]

不定代（副詞的に用いて）いくらか、少し

■ müde
[mýːdə]

形 疲れている、眠い

müde は「疲れている」の他、眠い様子、または疲れて眠くなっている様子も表す。この文も文脈によっては「少し眠いです」という意味でも用いられる。

「お元気ですか？」
「ありがとうございます、元気です。あなたはいかがですか？」
「まあまあです。少し疲れています。」

▶ 4

„Ich studiere Jura an der Universität Heidelberg."
„Wie lange studierst du schon?"
„Drei Semester."

■ **studieren** [ʃtudíːʁən]

動 [他] 専攻する ― [自] 大学で勉強する

lernenは語学などの具体的な知識を得ること、なにかをスキルとして身につける場合に用いられ、studierenは「△△専攻です」、や「○×大学に通っています」などという場合に使われる。

■ **Universität** [univɛʁzitɛ́ːt]

女 大学（複 Universitäten）
an der Universität 大学で
《会話ではUniversität の代わりに略語のUniが用いられることが多い。》

■ **Jura** [júːʁa]

複 法律

◇専攻◇

☐ **Geschichte** 女 歴史・史学
☐ **Literatur** 女 文学
☐ **Musik** 女 音楽
☐ **Medizin** 女 医学
☐ **Physik** 女 物理学
☐ **Biologie** 女 生物学
☐ **Chemie** 女 化学
☐ **Elektronik** 女 電子工学
☐ **Informatik** 女 情報学
☐ **Mathematik** 女 数学
☐ **Sport** 男 体育学
☐ **Pädagogik** 女 教育学
☐ **Wirtschaft** 女 経済学
☐ **BWL**（Betriebswirtschaftslehre）女 経営学
☐ **Linguistik** 女 言語学

〈文法コラム〉 語順①
原則として、動詞と文法的結びつきの強いものほど、あるいは会話の中で伝達価値が高いものほど後ろに置かれる。Jura と an der Universität Heidelberg を比べたときに、Universität Heidelberg の方に伝達価値がある場合は、こちらが最後になる。

wie lange

表現 どのくらいの間・期間で

du
[duː]

人称代 君は（2人称親称・単数1格。人称代名詞の格変化➡巻末・変化表Ⅱ-2））
《日本語は文法構造上、主語がなくても文が成り立つことからも、一般的に会話相手に対して「君」などの代名詞を使うことは少ない。そのため Sie や du を日本語に訳そうとするとどうしても不自然になりがちであるが、学習の便宜上、辞書や参考書などでは会話者の年齢や性別と関係なく、Sie と du はそれぞれ「あなた」「君」と訳されるのが習慣となっており、話者同士の関係を表す機能を果たしている。》

2人称の Sie と du
同じ学校やサークルの中などでは初対面でも最初から du で話すことがよくある。
　Wie heißt du? — Ich heiße Lea.
　　名前はなんていうの？ ー レアだよ。
習慣として、du で話す間柄ではファーストネームで、Sie で話す間柄では男性なら Herr、女性なら Frau を姓の前につけて呼び合う。日本語の敬語のような上下関係ではないので、du で話す場合はお互いに du で、Sie で話す場合はお互いに Sie で話し、原則として du と Sie の対話になることはない。

schon
[ʃoːn]

副 すでに
□ **noch nicht** まだ…ない

Semester
[zeméstɐ]

中 学期、セメスター（1セメスターは6ヶ月）（複 Semester）

☐ **Wintersemester** 中 冬学期

☐ **Sommersemester** 中 夏学期

im Winter-/ Sommersemester 冬・夏学期に

ドイツの大学はセメスター制で、学年はセメスターで数える。
Ich bin im 3. (dritten) Semester. 私は第３学期目です。

「私はハイデルベルク大学で法律を専攻しているの。」
「もうどのくらい大学に通っているの？」
「3セメスターだよ。」

▶ 5

„Ich spreche Deutsch und Englisch. Und du?"
„Ich spreche ein bisschen Deutsch, aber viel besser Englisch."

sprechen*
[ʃpʁɛ́çən]

動 ［自/他］話す（過去 sprach 過分 gesprochen）

ich	spreche	wir	sprechen
du	**sprichst**	ihr	sprecht
er/sie/es	**spricht**	sie/Sie	sprechen

☐ **Sprache** 女 言語（複 Sprachen）

☐ **Fremdsprache** 女 外国語

☐ **Muttersprache** 女 母語

Meine Muttersprache ist Japanisch.
私の母語は日本語です。

Deutsch
[dɔɪtʃ]

中 ドイツ語

auf Deutsch ドイツ語で

Wie heißt „Karaoke" auf Deutsch?
「カラオケ」ってドイツ語でなんていうの？
— Das heißt auch „Karaoke".
ドイツ語でも「カラオケ」だよ。

Englisch [ɛ́ŋlɪʃ]

中 英語

◇言語◇

□ **Chinesisch** 中 中国語　□ **Französisch** 中 フランス語
□ **Italienisch** 中 イタリア語　□ **Japanisch** 中 日本語
□ **Russisch** 中 ロシア語　□ **Spanisch** 中 スペイン語

ein bisschen [áɪn bísçən]

表現 ほんの少し

sehr gut	とても上手に
gut	上手に
nicht so gut	そんなに上手でない

aber [aːbɐ]

接続 （並列）しかし

besser [bɛ́sɐ]

形 よりよく（gut の比較級）

sehr gut	形容詞の原級を強めるのは sehr
viel besser	形容詞の比較級を強めるのは viel

「わたしはドイツ語と英語が話せる。君は？」
「ぼくは少しドイツ語が話せるけれど、英語の方がずっと得意なんだ。」

6

„Meine Hobbys sind Karaoke singen und Filme sehen. Und du? Was ist dein Hobby?"
„Ich spiele gern Klavier und auch gern Tennis."

Hobby [hɔ́bi]

中 趣味（複 Hobbys）

singen* [zíŋən]

動 ［自／他］歌う（過去 sang　過分 gesungen）

Karaoke singen のように動詞を不定詞（＝人称変化しない形）で用いると「…すること」という意味になる。目的語などを含む不定詞句では、動詞を一番最後に置く。
Ich lerne Deutsch. 私はドイツ語を勉強する。

不定詞句：Deutsch lernen ドイツ語を勉強すること
Ich wohne in Deutschland. 私はドイツに住んでいる。
不定詞句：in Deutschland wohnen ドイツに住むこと
辞書などでは熟語や用例が不定詞句で挙げられていることもよくあるので、文として使うときには、動詞を正しい位置に置き、適切に活用させる必要がある。「歌うこと」のように目的語がない単独の不定詞の場合は、Singen のように大文字で書いて名詞化する。Mein Hobby ist Singen. 私の趣味は歌うことです。
zu をともなった不定詞（句）は zu 不定詞（句）といわれる。（**➡Nr.104**）

Film
[fɪlm]

男 映画（複 Filme）

「映画を見に行く」という場合は ins Kino gehen（映画館に行く）という表現を用いるのが一般的。

was
[vas]

疑問代 （名詞的に）**なにが**、なにを
〈格変化〉1格 was　4格 was
1格　*Was* ist das Problem? なにが問題ですか？
4格　*Was* liest du?　君はなにを読んでいるの？

dein
[daɪn]

所有冠 **君の**

	男	女	中	複
1	dein	deine	*dein*	deine
2	deines	deiner	deines	deiner
3	deinem	deiner	deinem	deinen
4	deinen	deine	dein	deine

spielen
[ʃpiːl]

動 [自/他]（スポーツを）**する**、（楽器などを）**演奏する**

自動詞として用いられる場合は、「遊ぶ」の意味。
Die Mädchen spielen mit Puppen.
女の子たちは人形で遊んでいる。

■ **gern**
[gɛʁn]

副 好んで

> 趣味は動詞＋gernでも表現される。「テニスが好きです」はIch spiele gern Tennis.「私は好んでテニスをします」となり、必ず動詞が必要になるためテニスを「見る」のか「自分でする」のか明示することになる。飲食の好みも同様で、Ich esse gern Eis.「私は好んでアイスクリームを食べます」。

■ **Klavier**
[klaví:ɐ]

中 ピアノ（複 Klaviere）
□ Pianist 男　□ Pianistin 女 ピアニスト
□ Klavierbegleiter 男　□ Klavierbegleiterin 女
ピアノ伴奏者

> **auchの使い方**
> auchは「～もまた」「～と同様に」という意味。意味的にかかる語の前か後ろに置くことが多いが、実際は位置は一定しない。ここでは、「テニスをすること」にかかる。
> その他、習慣的にIch auch.「私も」、Ich auch nicht.「私も違う」、Auch gut.「それもいいね」などのような表現もよく使われる。

■ **Tennis**
[tɛ́nɪs]

男 テニス

> スポーツはFußballやTennisの他、Tischtennis「卓球」やBaseball「野球」などのような球技系はspielenと、Judo「柔道」、Gymnastik「体操」はmachenと組み合わされる。「スポーツをする」はSport machen。

「ぼくの趣味はカラオケで歌を歌うことと映画を見ることだよ。君は？ 君の趣味はなに？」
「わたしはピアノを弾くのが好きなの。テニスをするのも好きだよ。」

▶ 7

„Hast du Geschwister?“
„Ja, ich habe eine Schwester. Oh, ich habe ein Foto. Sie trägt eine Brille und hat kurze Haare.“

■ haben*
[háːbən]

動 [他] 持つ (過去 hatte 過分 gehabt)

ich	habe	wir	haben
du	**hast**	ihr	habt
er/sie/es	**hat**	sie/Sie	haben

■ Geschwister
[gəʃvístɐ]

中 兄弟姉妹 (複 Geschwister)

Ich habe keine Geschwister.
私はきょうだいはいません。

Geschwisterは性別を問わずきょうだいを表す。通常複数形で用いられる。姉、妹のような年齢による区別はしないことが多く、あえて言いたい場合は以下のように表す。

Ich habe eine ältere/jüngere Schwester.
私には姉・妹がいます。

Ich habe einen älteren/jüngeren Bruder.
私には兄・弟がいます。

■ ein
[aɪ̯n]

不定冠 **ひとつの**、ひとりの、とある

	男	女	中
1	ein	eine	ein
2	eines	einer	eines
3	einem	einer	einem
4	einen	*eine*	*ein*

不特定のものが複数形になる場合は無冠詞になる。

Ich kaufe ein Heft. 私はノートを1冊買います。
Ich kaufe Hefte.　 私はノートを何冊か買います。

■ Schwester
[ʃvɛ́stɐ]

女 姉・妹 (複 Schwestern)

■ **Foto** [fóːtɔ]
中 写真（複 Fotos）

■ **sie** [ziː]
人称代 彼女は、それは（3人称単数1・4格。人称代名詞の格変化➡巻末・変化表 II –2)）
《sie は人間の女性だけでなく、単数の女性名詞（die Uhr（時計）、die Tasche（かばん）など）も受ける。また sie は3人称複数（彼ら、それらは）も同形で動詞の人称変化だけが異なるので要注意。》

■ **tragen*** [tʁáːgən]
動［他］身につける、着る、運ぶ（過去 trug 過分 getragen）

ich	trage	wir	tragen
du	**trägst**	ihr	tragt
er/sie/es	**trägt**	sie/Sie	tragen

■ **Brille** [bʁílə]
女 眼鏡（複 Brillen）

■ **kurz** [kʊʁts]
形 短い（比較 kürzer 最上 kürzest- /am kürzesten）
（⇔ **lang** 形 長い）
□ **kurzes Hemd** 中 半袖シャツ
□ **kurze Hose** 女 半ズボン

■ **Haar** [haːʁ]
中 髪の毛（複 Haare）

「きょうだいはいるの？」
「うん、姉がいるよ。あ、写真があるよ。彼女はメガネをかけていて、髪の毛が短いよ。」

▶ 8

„Das ist ganz falsch. Verstehen Sie?“
„Nein. Warum ist das falsch? Das ist doch richtig!“

■ **das** [das]
指示代 これ、それ

代名詞としての das は、この例文のように話者の間で既知の事柄を受けることができる。事柄を指す場合は das は単数扱いである。また Das ist / sind ... の形は名詞の性に関係なく人や物を紹介する時に用いられる。その場合には指すものが単数なのか複数なのかによって動詞は変わる。

単数：Das *ist* Frau Stange.
　　　こちらはシュタングさんです。

複数：Das *sind* meine Eltern. これが私の両親です。

ganz
[gants]

副 完全に、非常に、とても

ganzは、修飾する形容詞の意味を強める役割があるが、一方で必ずしもそうではなく、「まあまあ」というような意味になる場合もある。例えばsehr gut、gut、ganz gutではもっともよいのはsehr gutでその次がgutそしてganz gutとなる。どちらになるかは修飾する形容詞の意味にもよるが、会話ではアクセントが形容詞に置かれれば「まあまあ」の意味になるようである。

Das ist <u>ganz</u> neu. これはすごく新しいよ。
Das ist ganz <u>neu</u>. これはまあまあ新しいよ。

falsch
[falʃ]

形 まちがっている（⇔ **richtig** 形 正しい）

〈文法コラム〉 形容詞の基本用法

形容詞は1）述語として2）名詞の付加語として3）副詞として用いることができる。

1）Die Antwort ist *falsch*. この答えはまちがっている。

2）Das ist eine *falsche* Antwort.
　　これはまちがった答えだ。

3）Du hast auf die Frage *falsch* geantwortet.
　　君はこの質問にまちがって答えた。

2）のように付加語として用いられる場合は、修飾する名詞の性・数・格に応じて形容詞も変化する（形容詞の格変化➡巻末・変化表III–1））。3）のように形容詞はそのままの形で副詞としても用いられる。なお、名詞を修飾するものが形容詞、動詞や形容詞を修飾するのが副詞である。

verstehen* [fɛɐ̯ʃtéːən]

動 [他] **わかる**、理解する (過去 verstand 過分 verstanden)

> 他動詞だが相手にだめ押しするような感じで「いいね」「わかるね」という場合には目的語なしで用いられる。言い方にもよるが、丁寧さや親切さはあまり感じられない。
> [参考] Ich verstehe den Text gar nicht. (➡**Nr.16**)
> 私はこのテキストがまったく理解できない。
> Er versteht mich.
> 彼は私のことを理解している。

warum [vaʁʊ́m]

疑問副 **なぜ**、どうして

doch [dɔx]

副 **しかし**、それでも、そうはいっても
《doch には様々な用法があるが、ここでは先行する発言に反する内容を述べる際の、話者の主観的心情を強く表すために用いられている。》(その他の用法➡**Nr.13**)

richtig [ʁɪ́çtɪç]

形 **正しい**、正解の

> 「これは完全にまちがっています。いいですか？」
> 「いいえ。なぜこれがまちがいなんですか？ これは正しいですよ。」

9

> „Schreiben Sie bitte unter Ihren Namen Ihre Adresse und Ihre Handynummer. Hier ist der Stift.“

schreiben* [ʃʁáɪ̯bən]

動 [他] **書く** (過去 schrieb 過分 geschrieben)
《書く場所は、前置詞＋4格 で示される。ここでは unter の後ろが４格。他に an die Tafel「黒板(ボード)に」、ins Heft「ノートに」など》

bitte [bɪ́tə]

表現 **どうぞ**、どうか
《schreiben Sie ... は Sie に対して「…してください」という依頼表現。bitte をつけるとなお丁寧になる。du と ihr に対する命令形➡**Nr.17**》

bitteの位置は比較的自由でいくつかの可能性がある。ただし動詞と主語の間には入らない。

Bitte, schreiben Sie Ihre Adresse.
Schreiben Sie *bitte* Ihre Adresse.
Schreiben Sie Ihre Adresse, *bitte*.

unter
[ʊ́ntɐ]

前 (3・4格支配) …の下の、…(年齢が)未満の

unterは位置関係を表す3・4格支配の9個の前置詞のうちの1つ。あるものの下にあることを表す。熟語的・習慣的な表現にもよく用いられる。

unter Umständen	事情によっては
unter der Telefonnummer	以下の電話番号で
unter anderem	とりわけ

Ihr
[iːɐ]

所有冠 あなたの 《Sieに対応する所有冠詞であるため、Sieの場合と同様に文中でも語頭は常に大文字となる。》

	男	女	中	複
1	Ihr	Ihre	Ihr	Ihre
2	Ihres	Ihrer	Ihres	Ihrer
3	Ihrem	Ihrer	Ihrem	Ihren
4	*Ihren*	*Ihre*	Ihr	Ihre

Name
[náːmə]

男 名前

＊特殊な変化をするので要注意。

	単	複
1	Name	Namen
2	Namens	Namen
3	Namen	Namen
4	Namen	Namen

Adresse
[adʁɛ́sə]

女 住所、宛先 (複 Adressen)

□ **E-Mail-Adresse** 女 メールアドレス

Handynummer
[hɛ́ndɪnʊmɐ]

女 携帯電話の番号

Handy 中 + Nummer 女 = Handynummer 女

〈文法コラム〉 ドイツ語の造語

ドイツ語には2つ以上の語が結合してできた造語が非常に多く、臨時の造語など辞書に出ていないこともあるので別々に辞書を引いて意味を組み合わせることも必要になる。また合成の切れ目がわからないと発音をまちがえることもあるため、合成の基本的なルールを知り、見分ける力をつけることが重要である。造語は様々な品詞で起こるが、以下に名詞同士の結合の例をいくつか挙げる。なお、合成名詞の性は最後の合成要素の名詞の性になる。

1) そのまま結合

Apfelsaft 男 りんごジュース
　= **Apfel** 男 りんご + **Saft** 男 ジュース
Stadtrundfahrt 女 (乗り物で) 町一周
　= **Stadt** 女 町 + **Rundfahrt** 女 (乗り物で) 周遊、一周
Mülleimer 男 ゴミバケツ
　= **Müll** 男 ゴミ + **Eimer** 男 バケツ
Papierkorb 男 =くずかご
　= **Papier** 中 紙 + **Korb** 男 かご

2) (e)s をつけて結合

Leben*s*gefahr 女 命の危険
　= **Leben** 中 命 + **Gefahr** 女 危険
Tag*es*karte 女 1日券
　= **Tag** 男 日 + **Karte** 女 カード、チケット

3) (e)n または er (複数形の形) をつけて結合

Tasche*n*tuch 中 ハンカチ
　= **Tasche** 女 カバン、ポケット + **Tuch** 中 布
Gruppe*n*reise 女 団体旅行
　= **Gruppe** 女 グループ、団体 + **Reise** 女 旅行
Student*en*ausweis 男 学生証
　= **Student** 男 大学生 + **Ausweis** 男 証明書
Kinderbuch 中 児童書
　= **Kind** 中 / **Kinder** 複 子ども + **Buch** 中 本
Blumengeschäft 中 花屋
　= **Blume** 女 / **Blumen** 複 花 + **Geschäft** 中 店

＊３つ以上の語の組み合わせ

Papiertaschen*n*tuch 中 ティッシュペーパー

＝**Papier** 中 紙＋**Tasche** 女 カバン、ポケット＋

Tuch 中 布

Beruf*s*ausbildung*s*vertrag 男 職業養成訓練契約

＝**Beruf** 男 職業＋**Ausbildung** 女 職業養成教育

＋**Vertrag** 男 契約、協定

hier

[hiːɐ]

副 ここで、ここに

《dort（あそこで、あちらで）に対して、話者から近い場所にあるものを指す場合に用いられる。》

Stift

[ʃtɪft]

男 ペン、筆記具（複 Stifte）

◇**文具**◇

☐ **Bleistift** 男 鉛筆

☐ **Druckbleistift** 男 シャープペンシル

☐ **Füller** 男 万年筆　☐ **Kugelschreiber** 男 ボールペン

☐ **Messer** 中 ナイフ　☐ **Radiergummi** 男 消しゴム

☐ **Schere** 女 はさみ

〈文法コラム〉　名詞の性

名詞の性は語彙が少ないうちはひたすら暗記するしかないが、知っている単語が増えてくると全くの無法地帯でもないということが見えてくる。人間を表すものは基本的に自然の性に従うとか、植物は女性が多い、-eで終わるものは女性である確率が高いなどなど、100パーセントではないもののある程度の目安があるものも多いからだ。その中で、以下の語尾は100パーセントといえるので、覚えておくと役にたつ。

男性語尾：-ig, -ling, -or, -ismus

中性語尾：-tum*, -chen, -ma, -ment, -um, -lein

女性語尾：-heit, -ung, -keit, -ei, -schaft, -ion, -ität, -ik

*-tumは中性の目印ではあるが、Reichtum「富」、Irrtum「誤り」の２つは例外的に男性。

基本的に語尾で区別できるものは女性名詞や中性名詞に

多い。男性の場合は語尾で区別できるものはかなり少ないので、ないよりはまし程度の助けでしかないが、逆にいえば女性と中性の語尾に当てはまらなければ男性名詞だと思っていれば半分以上の確率ではあたる。

「あなたの名前の下にあなたの住所と携帯番号を書いてください。ここにペンがあります。」

▶ 10

Miki sucht auf der Website vom DAAD Informationen über das Studium in Deutschland.

suchen [zúːxən]
【動】［他］探す

Website [wébsaɪt]
【女】ウェブサイト、ホームページ（【複】Websites）
auf der Website ウェブ上で

von [fɔn]
【前】（3格支配）…の、…から
《vom は von dem の融合形。融合形について➡**Nr.14**》

DAAD [deːaːaːdéː]
【男】**D**eutscher **A**kademischer **A**ustausch**d**ienst
「ドイツ学術交流会」の略。広くドイツの大学や研究機関などの情報を提供し、奨学金を出している。

Information [ɪnfɔʁmatsɪóːn]
【女】情報（【複】Informationen）
über + 【4格】 …についての

über [ýːbɐ]
【前】（3・4格支配）…について、…の上の方に
《「…について」という場合は über は4格支配。》

Studium [ʃtúːdɪʊm]
【中】（大学での）勉強、研究調査（【複】Studien）

ここでの Studium は大学での研究内容のほか、制度的なことを広く含む。das Studium in Deutschland は「ドイツでの大学の勉強」だが、「留学」の訳にあえて Auslandsstudium「外国での勉強」という表現を使う必要はないし、むしろここでは不自然になる。ちなみに、「ドイツに留学したい」という場合も、Ich möchte in Deutschland studieren.「ドイツで大学に行きたい」でよい。

みきはDAADのホームページでドイツ留学についての情報を探す。

11

„Wann beginnt die Vorlesung?"
„Um halb zwei."

■ **wann** [van] 疑問副 いつ

■ **beginnen*** [bəgínən] 動 [自] …が始まる (過去 begann 過分 begonnen)
mit + 物・事[3] …にとりかかる、着手する
Sie beginnen mit dem Kochen.
彼らは料理にとりかかった。

■ **Vorlesung** [fóːɐleːzʊŋ] 女 講義 (複 Vorlesungen)
《Vorlesungは大講堂などで行う講義、小中高の授業や語学の授業などはUnterricht 男》

■ **um** [ʊm] 前 (4格支配) …時に

〈文法コラム〉 時間表現

公式表現は24時間制で午前・午後を区別する。
日常会話は12時間制で午前・午後を区別しない。

12時55分　公式：zwölf Uhr fünfundfünfzig
日常：fünf vor eins (1時5分前)
13時05分　公式：dreizehn Uhr fünf
日常：fünf nach eins (1時5分過ぎ)
12時45分　公式：zwölf Uhr fünfundvierzig
日常：Viertel vor eins (1時15分前)
13時15分　公式：dreizehn Uhr fünfzehn
日常：Viertel nach eins (1時15分過ぎ)
1時頃　日常：gegen eins
1時ちょっと前／過ぎ　日常：kurz vor/nach eins

日常表現では、「…時に」という場合に、Uhrはつけない。

3時30分　公式：Es ist drei Uhr dreißig.
日常：Es ist halb vier.
「1時」はUhrをつける場合はein Uhrといい、数詞のeinsのsはつけない。

■ **halb**
[halp]

数 半分の
halb zwei 1時半

「講義はいつ始まりますか？」
「1時半です。」

▶ 12

Der Professor hält einen Vortrag über die Kultur und das Leben in Japan. Für mich ist das leider ziemlich langweilig.

■ **Professor**
[pʁofésɔɐ]

男 教授（複 Professoren）

職業名としての女性形はProfessorinだが、呼びかけでは男性に対してはHerr Professor、女性にはFrau Professorという場合が多い。

■ **halten***
[háltən]

動 [他] つかんでいる、保つ、（動詞句を形成して）…を行う（過去 hielt 過分 gehalten）

ich	halte	wir	halten
du	**hältst**	ihr	haltet
er/sie/es	**hält**	sie/Sie	halten

■ **Vortrag**
[fóːɐtʁaːk]

男 講演、口頭発表（複 Vorträge）
einen Vortrag halten 講演する、口頭発表する

■ **Kultur**
[kʊltúːɐ]

女 文化

■ **Leben**
[léːbən]

中 生活

■ **in** [ɪn]

前 （3・4格支配）…の中に、…（の中）で

in は位置関係を表す3・4格支配の9個の前置詞のうちの1つ。あるものの中にあることを表す。
（in + 4格 + gehen の用法➡**Nr.47**）

■ **für** [fyːɐ]

前 （4格支配）…のために、…にとって

■ **mich** [mɪç]

人称代 ichの4格〈変化〉1格 ich 3格 mir 4格 mich

■ **leider** [láɪdɐ]

副 残念ながら

■ **ziemlich** [tsíːmlɪç]

副 かなり、比較的

■ **langweilig** [láŋvaɪlɪç]

形 たいくつな、つまらない
（⇔ **interessant** 形 おもしろい、興味深い）

教授は日本の文化と生活についての講演を行っている。
それは私にとっては残念ながらかなり退屈だ。

13

„Haben Sie kein Wörterbuch?"
„Doch, ich habe es zu Hause."

■ **kein** [kaɪn]

否定冠 （ひとつも）…ない

	男	女	中	複
1	kein	keine	kein	keine
2	keines	keiner	keines	keiner
3	keinem	keiner	keinem	keinen
4	keinen	keine	*kein*	keine

〈文法コラム〉 nicht と kein

原則として不定冠詞つき名詞、または無冠詞の名詞（不可算名詞や不特定の複数名詞など）は kein で否定する。

Das ist ein Wörterbuch.　これは辞書です。
Das ist kein Wörterbuch. これは辞書ではありません。

Ich habe ein Wörterbuch. 私は辞書を1冊持っています。
Ich habe kein Wörterbuch. 私は辞書を持っていません。

Ich habe Zeit.　私は時間があります。
Ich habe keine Zeit.　私は時間がありません。

Ich habe Kinder.　私は子どもがいます。
Ich habe keine Kinder.　私は子どもがいません。

無冠詞でも、それが動詞と熟語的な関係にある場合はnichtで否定する。(➡**Nr.16**参照)
不定冠詞以外の冠詞類がついた名詞はnichtで否定する。
Das ist nicht mein Wörterbuch.
これは私の辞書ではありません。

Wörterbuch [vœʁtɐbuːx]　中 辞書 (複 Wörterbücher)

doch [dɔx]　副 (否定詞を含む疑問文に対して) いいえ
《文頭で、jaやneinと同じ機能で使われる。keinやnichtなどの否定詞が含まれる疑問文に対する答えとして、否定の内容を打ち消す場合に使われる。》

Trinkst du nicht gern Kaffee?
コーヒーが好きじゃないんですか？
— Doch, ich trinke gern Kaffee.
いいえ、好きですよ。
— Nein, ich trinke nicht gern Kaffee.
はい、好きじゃありません。

zu Hause [tsuː háʊzə]　表現 自宅で／に (自宅へ nach Hause ➡**Nr.56**)

「辞書を持っていないのですか？」
「いいえ、家にあります。」

▶ 14

Ich bringe das Paket zur Post.

bringen* [bʁíŋən]	動 [他] 運ぶ、持っていく／くる (過去 brachte 過分 gebracht)
Paket [pakéːt]	中 小包 (複 Pakete)
zu [tsuː]	前 (3格支配)…へ 《zur は zu der の融合形》

〈文法コラム〉 zu の用法

zu には様々な意味と用法がある。「…へ」の意味では冠詞のつく一般名詞または人称代名詞とともに用いる。(nach の用法も参照➡**Nr.36**)「うちに来て」などのように自宅を指す場合は、Komm zu uns. のように zu ＋人称代名詞を使うのが一般的。文脈の流れがあればそれで自宅と理解される。建物としての「家」(das Haus や die Wohnung) という表現を使うのは、特にその建物や空間が問題になる場合である。

〈文法コラム〉 前置詞と定冠詞の融合形

前置詞と定冠詞には様々な融合形がある。以下のものが比較的よく使われる。

am (an dem)	ans (an das)	beim (bei dem)
ins (in das)	im (in dem)	vom (von dem)
zum (zu dem)	zur (zu der)	

zur という融合形があるのに、あえて使わないで Ich gehe zu der Post. というと、特に「この郵便局」というように指示性が高く感じられる。

Post [pɔst]	女 郵便局、郵便物 (複 Posten) 《Briefkasten 男 郵便受け、ポスト。Briefkasten は各家庭の郵便受けも公共のポストも指す。》

私はこの小包を郵便局に持っていきます。

15

„Wie bitte? Können Sie das bitte noch einmal wiederholen?“
„Ja, natürlich. Kein Problem.“

wie bitte

え、なんですか？

〈文法コラム 表現〉 **様々なbitteの用法**

Danke (schön). — Bitte (schön).
ありがとう。　　どういたしまして。
Bitte (schön). — Danke (schön).
どうぞ。　　ありがとうございます。
DankeやBitteは、schönまたはsehrをつけると、より丁寧になる。
Wie bitte? / Bitte?
え、なんですか？（もう1度言ってください。）

können*
[kœnən]

助動 できる（過去 konnte　過分 können）

ich	**kann**	wir	können
du	**kannst**	ihr	könnt
er/sie/es	**kann**	sie/Sie	können

〈文法コラム〉 **könnenの用法**

könnenは能力や可能性を表す。
語学力の場合はsprechen「話す」などを使わずに、Ich kann Deutsch.のように、könnenを本動詞として用いることもできる。
Können Sie ...?/Kannst du ...?の形で表されるのは多くの場合、依頼やお願いなどの文である。
Kannst du mir helfen? 手伝ってくれる？
Können Sie mir bitte das Salz reichen?
塩をとってくれませんか？
他方、Kann ich ...?で始まる文は、相手への手伝いなどの申し出か、許可を求める表現に多い。

Kann ich Ihnen helfen? 手伝いましょうか？
Kann ich mitkommen? 一緒に行ってもいいですか？

〈文法コラム〉 語順②
話法の助動詞構文では、語順は次のようになる。
Ich kann morgen kommen. 私は明日来られます。
Morgen kann ich kommen. 明日、私は来られます。
定動詞は2番目に置かれ、不定詞が文末に配置される。
否定文では、全文否定の場合は不定詞の直前に nicht が置かれる。（nicht の位置➡**Nr.16**）
Ich kann morgen *nicht* kommen.
私は明日来られません。

noch einmal [nɔx áɪnmaːl]
表現 もう１度

wiederholen [víːdɐhoːlən]
動 [他]（事[4]を人[3]に）くり返す

natürlich [natýːɐlɪç]
形 副 もちろん、自然の

Problem [pʁobléːm]
中 問題（複 Probleme）
Kein Problem.「問題ありません」は単独でもよく使われる表現。Wo ist das Problem? 何が（どこが）問題なのですか。

「え、なんですか？ すみませんがもう１度言ってもらえませんか。」
「もちろんです。問題ありませんよ。」

▶ 16

„Worum geht es? Erzählen Sie bitte die Geschichte noch einmal. Ich verstehe sie nicht gut.“

worum [vɔʁʊ́m]	副 worum は疑問文を導く。wo[r] が意味的に was に相当する。ここでは es geht が前置詞の um をとるため、um + was = worum という形になる。

> was が前置詞とともに用いられるとすべて wo[r] + 前置詞という形になる。„r“ は前置詞が母音で始まる場合に挿入される（wo*r*auf, wo*r*über など）。
>
> **Wo*r*an** denken Sie beim Jogging?
> ジョギング中、何を考えているんですか？
> — Ich denke **an** *meinen Job*.
> 私は仕事のことを考えています。
> **Wo*r*über** schreiben Sie einen Aufsatz?
> 何について作文を書くのですか？
> — **Über** *meine Heimat*.
> 私の故郷についてです。
> **Wozu** brauchst du einen neuen Anzug?
> なんのために新しいスーツが必要なんですか？
> — Ich muss eine Stelle suchen.
> 私は職を探さなければならないんです。

es geht um ...	表現 es geht um + 4格 **4格が問題である**、大事なのは 4格 である
erzählen [ɛɐtsɛ́ːlən]	動 [他] **説明する、物語る**
Geschichte [gəʃɪ́çtə]	女 **物語**、歴史、出来事
verstehen* [fɛɐʃtéːən]	動 [他] **…を理解する**、わかる（過去 verstand 過分 verstanden）

nicht

[nıçt]

副 …ではない、…しない

《否定詞として文の一部、または全体を否定する。》

〈文法コラム〉 nicht の位置①

▶全文否定の場合、原則として以下のルールに従う。

1) sein と結びついた形容詞、無冠詞名詞はその前に nicht を置く。

Ich bin **nicht** krank. 私は病気ではありません。

Ich bin **nicht** Student. 私は学生ではありません。

2) 動詞と熟語的に結びついた無冠詞名詞があれば、その前に置く。

Ich fahre **nicht** Auto. 私は車を運転しません。

Ich spiele **nicht** Basketball. 私はバスケをしません。

3) 動詞に不可欠な前置詞句がある場合、その前に置く。

Ich wohne **nicht** in Bremen.
私はブレーメンには住んでいません。

Ich komme **nicht** aus Deutschland.
私はドイツ出身ではありません。

4) 4格目的語をとる他動詞の場合、4格の直前に nicht を置くと部分否定に、文末に置くと全文否定になる。

Ich lese **nicht** das Buch.
私はこの本を読んでいるのではない。(他の本を読んでいる)

Ich lese das Buch **nicht**. 私はこの本を読まない。

▶部分否定では否定したい語の直前に nicht を置く。

Ich spiele **nicht** gern Tennis.
私はテニスが好きではありません。(gern を否定)

Ich komme **nicht** heute.
私は今日は行きません。(heute を否定)

Ich fahre **nicht** mit dem Zug nach Berlin.
私はベルリンへ電車では行きません。(mit dem Zug を否定)

Ich verstehe die Geschichte **nicht** gut.
私はその話がよくわかりません。(gut を否定)

「何が問題なんですか？もう１度この物語を始めから話して聞かせてください。私にはよく理解できません。」

17

„Fragt bitte euren Lehrer, nicht mich!"

fragen
[fʁáːgən]

動 [他] 質問する
《Fragt! は ihr に対する命令形。du に対しては Frag[e]! Sie に対しては Fragen Sie!》

〈文法コラム〉 命令・依頼の表現

1）du と ihr では、不定形の語幹に必要に応じて語尾をつける。

例）kommen

du に対して：語幹 → komm

ihr に対して：語幹t → kommt

◇語幹が -d、-t、-ig で終わるもの

例）warten

du に対して：語幹e → warte

ihr に対して：語幹e＋t → wartet

◇sein

du に対して：sei　　ihr に対して：seid

例）Sei ruhig! 静かにして。

◇不規則変化動詞で、語幹が e から i または ie に変わるものは du に対しては命令法でも変音する。ihr では変音しないので注意。

du に対して：essen → iss　lesen → lies

sprechen → sprich　nehmen → nimm

例）Iss langsam! ゆっくり食べて。

Sprich lauter! もっと大きな声で話して。

ihr に対して：

例）Esst langsam!　Sprecht lauter!

◇a→äの不規則動詞は命令法でduに対しても変音しないので要注意。

fahren → fahr

例) Fahr zur Bank! 銀行へ行って。

2) Sieに対する命令・依頼文は、語幹＋en Sieの形で。

Essen Sie langsam!

Sprechen Sie lauter!

euer

[ɔ͡ɪɐ]

所有冠 君たちの

	男	女	中	複
1	euer	eu[e]re	euer	eu[e]re
2	eu[e]res	eu[e]rer	eu[e]res	eu[e]rer
3	eu[e]rem	eu[e]rer	eu[e]rem	eu[e]ren
4	*eu*[e]*ren*	eu[e]re	euer	eu[e]re

Lehrer

[léːʁɐ]

男 (男の) 教師 (複 Lehrer)

□ **Lehrerin** 女 (複 Lehrerinnen) (女の) 教師

□ **Deutschlehrer** 男 **Deutschlehrerin** 女 ドイツ語教師

職業や身分などは原則的に男性を表す名詞と女性を表す名詞が個々に存在する。LehrerとLehrerinのように男性形にinをつけて女性形をつくるものが多いが、その語の語源や、形容詞から派生した名詞かどうか、もともとその職業は女性が多かったか男性が多かったかなど様々な要因によって形が異なっているので、最初はその都度、確認することが必要。また複数形は女性だけならば（例えば女性の教員だけを指す場合）Lehrerinnenのように女性形の複数を使うが、その集団に1人でも男性が加わると、男性形の複数形であるLehrerを用いる。こうしたドイツ語の特質が男女差別との批判をうけ、Lehrerの代わりに、性を表さない形であるLehrende「教えている人たち」（教師）、Studentenの代わりにStudierende「大学で勉強している人たち」などの現在分詞から派生した名詞の複数形を使うことも多くなっている。

mich [mɪç]

人称代 ichの4格

「君たちの先生に質問してよ、私じゃなくてね。」

18

Die mündliche Prüfung fängt an. Die Studenten sollen auf fünf Fragen antworten.

mündlich [mʏ́ntlɪç]

形 口頭の

(⇔ **schriftlich** 形 筆記の)

Prüfung [pʁý:fʊŋ]

女 試験(複 Prüfungen)

an|fangen* [ánfaŋən]

動 [自] 始まる(過去 fing ... an 過分 angefangen)

ich	fange ... an	wir	fangen ... an
du	**fängst ... an**	ihr	fangt ... an
er/sie/es	**fängt ... an**	sie/Sie	fangen ... an

mit ... …にとりかかる、着手する

Er fängt mit der Arbeit an. 彼は仕事にとりかかる。

Heute fangen wir mit der Lektion 6 an.

今日、私たちは6課に入る。

□ **Anfang** 男 始め　am Anfang 始めに

〈文法コラム〉 nicht の位置②

分離動詞の場合、全文を否定するとき nicht は前綴り(つづ)の直前に置く。

Der Unterricht fängt nicht an.

授業が始まりません。

部分否定の場合は否定したい語の前に置く。

Der Unterricht fängt nicht um 10 Uhr an.

授業は10時には始まりません。

■ Student
[ʃtʊdέnt]

男 (男子)学生(単数1格以外-[e]nになる)

	単	複
1	Student	*Studenten*
2	Studenten	Studenten
3	Studenten	Studenten
4	Studenten	Studenten

□ **Studentin** 女 (女子)学生(複 Studentinnen)

Student/Studentinは大学生のことを指し、高校生以下はSchüler/Schülerinという。

■ sollen*
[zɔ́lən]

助動 …することになっている、…したほうがいい、…すべきだ

(過去 sollte 過分 sollen)

ich	**soll**	wir	sollen
du	**sollst**	ihr	sollt
er/sie/es	**soll**	sie/Sie	sollen

他者の意見や伝聞などを表す。またSoll ich ...?の形で「…しましょうか」と助けを申し出る時にも使う。

Soll ich das Fenster aufmachen?
窓をあけましょうか?

Soll ich Ihnen das Salz reichen?
塩をとりましょうか?

■ Frage
[fʁáːɡə]

女 質問、問い(複 Fragen)

□ **Antwort** 女 (複 Antworten)答え、返事

■ antworten
[ántvɔʁtən]

動 [自] 答える

antworten auf + 4格 …に答える、返事をする

antworten + 人³ 人³に答える

〈変化〉du antwortest er/sie/es antwortet

(⇔ **fragen** 動 [他] 質問する)

口頭試験が始まります。学生たちは5つの質問に答えることになっています。

▶ 19

„Meine Tante macht gern Sport. Sie schwimmt jeden Tag zwei Kilometer."
„Oh, das ist sehr gesund."

■ **Tante** [tántə]	女 おば (複 Tanten) (⇔ **Onkel** 男 おじ)
■ **machen** [máxən]	動 [他] する
■ **Sport** [ʃpɔ́ʁt]	男 スポーツ
■ **schwimmen*** [ʃvímən]	動 [自] (h/s) 泳ぐ、水泳する (過去 schwamm 過分 geschwommen)
■ **jeden Tag** [jédən táːk]	表現 毎日 《jede Woche 毎週　jeden Monat 毎月　jedes Jahr 毎年　jede Stunde 毎時間》
■ **Kilometer** [kɪlɔméːtɐ]	男 キロメートル (複 Kilometer)
■ **oh** [oː]	表現 間 (驚きなどの感情を表して) ええ!? それはそれは、なんてこと
■ **gesund** [gəzʊ́nt]	形 健康な (比較 gesünder 最上 gesündest- / am gesündesten) □ **krank** 形 病気の

「私のおばはスポーツが好きです。彼女は毎日2キロ泳いでいます。」
「えー、それはとても健康的ですね。」

20

In den Sommerferien fährt Alex fast immer mit dem Auto an die Nordsee. Er mietet da mit seiner Freundin ein Ferienhaus.

Sommerferien [zɔ́mɐfeːʁɪən]
複 夏休み
《Ferien は複数名詞で、夏休みや冬休みなどの学校の長期休みを指す。会社の休暇はUrlaub 男 ➡Nr.27》
□ **Ferien** 休み 複　□ **Winterferien** 複 冬休み

fahren* [fáːʁən]
動 [自] (s) (乗り物で) 行く (過去 fuhr 過分 gefahren)

ich	fahre	wir	fahren
du	**fährst**	ihr	fahrt
er/sie/es	**fährt**	sie/Sie	fahren

《乗り物などを表す無冠詞の名詞とともに。》
Ich fahre Auto/Rad. 私は車を運転する／自転車に乗る。
Ich fahre Ski/Snowboard.
　私はスキー／スノーボードをする。

fast immer [fast ímɐ]
表現 ほとんどいつも (頻度の副詞➡Nr.70)

〈文法コラム〉 語順③
定動詞（ここではfährt）より後の領域では文法的に動詞と結びつきの強いものほど後に置かれる。fahrenの目的地がNordseeなのでこれがもっとも後ろにくる。それ以外の状況を表す語の順番はかなり自由であるが、原則的には時間・様態・場所の順になる。ここではfast immerが時間的要素、mit dem Autoが様態にあたる。
またin den Sommerferienが文頭に置かれているが、主語以外のものが文頭に立つときは、「…に関していえば」のような話のテーマである場合や、前文の内容を受ける場合である。

mit
[mɪt]

前 （3格支配）…と一緒に、…で（手段）

mit は交通手段の他、**mit** meinen Freunden「友達と**一緒に**」、Kaffee **mit** Milch「ミルクを**入れた**コーヒー」、などの基本的な用法の他、多くの動詞と熟語的な表現を作る。

Auto
[áu̯toː]

中 車（複 Autos）

◇**乗り物**◇
- □ **Autobahn** 女 自動車専用道路、高速道路
- □ **U-Bahn** 女 地下鉄
- □ **Flugzeug** 中 飛行機
- □ **Stadtbahn** 女 都市（近郊）鉄道
- □ **ICE** (Intercity-Expresszug) 男
- □ **IC** (Intercity-Zug) 男
- □ **Fahrrad** 中 自転車
- □ **Motorrad** 中 オートバイ
- □ **Taxi** 中 タクシー
- □ **Zug** 男 列車
- □ **Bahn** 女 電車

an
[an]

前 （3・4格支配）…の際に、…に接して

an は位置関係を表す3・4格支配の9個の前置詞のうちの1つ。あるものの側面に接していることを表す。壁やドアに「掛かっている」という場合や、海や湖などの「水辺で」の場合によく使われる。曜日や日付の表現に使われるなど熟語的、習慣的表現も多い。

Die Uhr hängt an der Wand.
時計は壁に掛かっている。
Wir fahren ans Meer. 我々は海に行く。
Ich sitze am Computer.
私はコンピュータのところに座っている。

Nordsee
[nɔ́ʁtzeː]

女 北海
- □ **See** 男 **湖**
- □ **See** 女 **海**

er
[eːɐ / ɛɐ]

人称代 彼は、それは（3人称・単数1格の格変化➡巻末・変化表Ⅱ–2））
《er は人間の男性だけでなく、単数の男性名詞（der Tisch「机」、der Rock「スカート」など）も指す。》

■ **mieten**
[míːtən]

動 [他]（賃料を払って）借りる

〈変化〉du mietest　er/sie/es mietet　ihr mietet

□ **Miete** 女 賃料、家賃

> **口調上の調整**
> 語幹がdやtなどで終わる動詞は2人称と3人称、2人称複数で口調上のeを入れる。mietenの他、finden「見つける、思う」、arbeiten「働く」、warten「待つ」など。heißenタイプ（➡**Nr.1**）と混同しないよう注意。

□ **vermieten** 動 [他]（賃貸料をもらって）貸す

■ **sein**
[zaɪn]

所有冠 彼の、それの

	男	女	中	複
1	sein	seine	sein	seine
2	seines	seiner	seines	seiner
3	seinem	*seiner*	seinem	seinen
4	seinen	seine	sein	seine

> seinは人称代名詞erとesの両方に対応する。人間に限らず直前に出てきた男性名詞と中性名詞についてその所有関係を表すことができる。
> Da ist ein Baum. *Seine* Blätter sind groß.
> そこに木がある。その葉っぱは大きい。

■ **Freundin**
[fʁɔ́ɪndɪn]

女（女の）**友人**、[所有冠詞とともに]（女の）恋人
（複 Freundinnen）

□ **Freund** 男（男の）友人、（男の）恋人（複 Freunde）

> Freund/Freundinは、所有冠詞とともに使われると特定の恋人の意味になる。友人の1人の意味なら不定冠詞とともにeine Freundin、ein Freundまたは複数形無冠詞でFreundeなどが使われる。

■ **Ferienhaus**
[féːʁɪənhaʊs]

中 別荘（複 Ferienhäuser）

アレックスは夏休みにはほとんどいつも車で北海に行きます。彼はそこに恋人と一緒に別荘を借りています。

21

Monika möchte mit dem Schiff eine Weltreise machen. Sie spart dafür.

■ **möchte***
[mœ́çtə]

助動 …したい

ich	**möchte**	wir	möchten
du	**möchtest**	ihr	möchtet
er/sie/es	**möchte**	sie/Sie	möchten

möchte は助動詞として使う以外に本動詞として「4格が欲しい」という意味でも使われる。
助動詞：Ich möchte eine Reise machen.
私は旅行がしたいです。
本動詞：Ich möchte ein Glas Wasser.
私は水が１杯欲しいです。

■ **Schiff**
[ʃɪf]

中 船（複 Schiffe）
mit dem Schiff 船で

■ **Weltreise**
[vɛ́ltʁaɪzə]

女 世界旅行
Welt 女 世界＋**Reise** 女 旅行＝Weltreise

■ **sparen**
[ʃpáːʁən]

動 [自/他] 節約する、お金を貯める
[自] Ich spare für ein neues Auto.
新しい車の（を買う）ためにお金を貯めます。
[他] Ich spare Energie. エネルギーを節約します。

■ **dafür**
[dafýːɐ]

副 そのために

モニカは船で世界旅行をしたいと思っています。そのために彼女は貯金しています。

▶ 22

Im Herbst nehme ich eine Woche an einem Yoga-Kurs teil.

Herbst [hɛɐpst]

男 秋

□ **Frühling** 男 春　□ **Sommer** 男 夏　□ **Winter** 男 冬

im Herbst 秋に《im は in dem の融合形》

teil|nehmen* [táɪlneːmən]

動 [自] 参加する

(過去 nahm ... teil 過分 teilgenommen)

an ＋ 3格 ＋ teilnehmen …に参加する

ich	nehme ... teil	wir	nehmen ... teil
du	**nimmst ... teil**	ihr	nehmt ... teil
er/sie/es	**nimmt ... teil**	sie/Sie	nehmen ... teil

Woche [vɔ́xə]

女 週 (複 Wochen)

所要時間などの一定の期間をいう場合、4格を副詞的に用いる。

ein Jahr	1年間	zwei Jahre	2年間
einen Monat	1ヶ月間	zwei Monate	2ヶ月間
einen Tag	1日	zwei Tage	2日間
eine Woche	1週間	zwei Wochen	2週間
eine Stunde	1時間	zwei Stunden	2時間
jeden Tag	毎日	jedes Jahr	毎年

Ich studiere ein Jahr in Deutschland.
私は1年間ドイツに留学します。

Der Student lernt jeden Tag zwei Stunden Deutsch.
その学生は毎日2時間ドイツ語を勉強します。

Kurs [kʊʁs]

男 クラス、教室、コース (複 Kurse)

秋に私は1週間、ヨガ教室に参加します。

▶ 23

„Was bedeutet „Eintritt frei“?“
„Das heißt, der Besuch im Museum ist kostenlos.“

- **bedeuten** [bədɔ́ʏtən] 動 [他] 意味する、…という意味である
- **Eintritt** [áɪntrɪt] 男 入場、立ち入り
- **Besuch** [bəzúːx] 男 訪問、参加、見物
- **Museum** [muzéːʊm] 中 博物館、美術館（複 Museen）
- **kostenlos** [kɔ́stənloːs] 形 無料の、費用のいらない

「„Eintritt frei“というのはどういう意味ですか？」
「これは、この博物館の入場は無料ということですよ。」

▶ 24

„Was hast du am Sonntag vor?“
„Ich mache einen Ausflug durch den Weinberg an der Mosel.“
„Das klingt schön. Viel Spaß!“

- **Sonntag** [zɔ́ntaːk] 男 日曜日

am ... …曜日に
《曜日名はすべて男性名詞。am は an dem の融合形》

◇曜日◇

□ **Montag** 男 月曜日　□ **Dienstag** 男 火曜日
□ **Mittwoch** 男 水曜日　□ **Donnerstag** 男 木曜日
□ **Freitag** 男 金曜日　□ **Samstag** 男 土曜日

Welchen Tag haben wir heute? 今日は何曜日ですか？

vor|haben* [fóːɐhaːbən]
動 [他] 予定する (過去 hatte ... vor 過分 vorgehabt)

ich	habe ... vor	wir	haben ... vor
du	**hast ... vor**	ihr	habt ... vor
er/sie/es	**hat ... vor**	sie/Sie	haben ... vor

《vorhaben は他動詞なので「何も予定がない」と否定する場合は副詞の nicht ではなく目的語として否定代名詞の nichts を用いる。Ich habe morgen nichts vor. 私は明日、何も予定がない。》

machen [máxən]
動 [他] する、つくる

Ausflug [áu̯sfluːk]
男 ハイキング、遠足、ピクニック (複 Ausflüge)
einen Ausflug machen ハイキングをする

durch [dʊʁç]
前 (4格支配) …を通り抜けて、…を巡って

Weinberg [vái̯nbɛʁk]
男 ブドウ畑

an [an]
前 (3・4格支配) …に接して、際(きわ)に

Mosel [móːzəl]
女 モーゼル川(ライン川の支流)

> **川によって名詞の性が異なる**
> die Donau ドナウ川　　der Main マイン川
> der Neckar ネッカー川
> 日本の川の名前をいう場合は、Fluss「川」が男性名詞なので、それにならい男性名詞にするのが一般的である。

<u>an der</u> Donau ドナウ川沿いの
<u>am</u> Rhein ライン川沿いの

klingen [klíŋən]
動 [自] …のように聞こえる、感じられる

schön [ʃøːn]
形 すばらしい、よい

■ **Spaß**
[ʃpaːs]

男 楽しみ
Viel Spaß. 楽しんできてね。
《他にGute Reise. よい旅行を。Schönes Wochenende. よい週末を。などの表現もよく使われる。》

> 「日曜日に何か予定しているの？」
> 「モーゼル川沿いのブドウ畑でハイキングをするんだ。」
> 「それは楽しそうだね、楽しんできてね。」

▶ 25

> Seit sechs Monaten lerne ich in der Schule Französisch. Der Unterricht macht mir viel Spaß. Und der Lehrer ist mir sehr sympathisch.

■ **seit**
[zaɪ̯t]

前 （3格支配）…以来、…からずっと

■ **Monat**
[móːnat]

男 月（複 Monate）

> **〈文法コラム〉 複数形3格のn**
> Monatenは複数形のMonateにnがついた形。名詞の複数形は、nで終わるもの（Frau-Frauen, Tasche-Taschen）や、sで終わるもの（Auto-Autos, Hotel-Hotels）以外は、3格ではすべてnがつくので注意。

■ **lernen**
[lέʁnən]

動 ［他］学ぶ、勉強する
（「専攻する、大学に行く」はstudieren ➡ **Nr.4**）

■ **Schule**
[ʃúːlə]

女 学校（複 Schulen）

■ **Französisch**
[fʁantsǿːzɪʃ]

中 フランス語（言語➡**Nr.5**）

■ **Unterricht**
[ʊ́ntɐʁɪçt]

男 授業（講義Vorlesung ➡ **Nr.11**）
《Unterrichtは通常、単数で用いる。「1つ／2つ授業がある」というときは、eine Unterrichtsstunde/zwei Unterrichtsstundenや可算名詞であるSeminar（ゼミ）やVorlesung（講義）などを用いる。》

■ **Spaß**
[ʃpaːs]

男 楽しみ

物・事[1] + machen + 人[3] Spaß. 人[3]にとって物・事[1]が楽しい。

■ **sympathisch** 形 好ましい、感じのよい
[zʏmpáːtɪʃ]

□ **intelligent** 形 賢い、知性のある

□ **klug** 形 頭がいい

6ヶ月前から私は学校でフランス語を学んでいます。授業はとても楽しいです。先生がとても感じがいいんです。

26

Unsere Tochter will im August allein mit ihrem Freund nach Paris. Wir sind aber gegen diese Reise. Sie sind zu jung.

■ **unser**
[ʊ́nzɐ]

所有冠 私たちの

	男	女	中	複
1	unser	*uns[e]re*	unser	uns[e]re
2	uns[e]res	uns[e]rer	uns[e]res	uns[e]rer
3	uns[e]rem	uns[e]rer	uns[e]rem	uns[e]ren
4	uns[e]ren	uns[e]re	unser	uns[e]re

■ **Tochter**
[tɔ́xtɐ]

女 娘（複 Töchter）

◇親族名称①◇

□ **Vater** 男 父親　□ **Mutter** 女 母　□ **Eltern** 複 両親

□ **Großvater** 男 祖父　□ **Großmutter** 女 祖母

□ **Großeltern** 複 祖父母

□ **Tochter** 女 娘（複 Töchter）

□ **Sohn** 男 息子（複 Söhne）

□ **Kind** 中 子ども（複 Kinder）

□ **Enkelkind** 中 孫（複 Enkelkinder）

□ **Bruder** 男 兄弟（複 Brüder）

□ **Schwester** 女 姉妹（複 Schwestern）

wollen* [vɔ́lən]

助動 …するつもりだ（意思）（過去 wollte 過分 wollen）

ich	**will**	wir	wollen
du	**willst**	ihr	wollt
er/sie/es	**will**	sie/Sie	wollen

話法の助動詞が方向を表す前置詞nachやzuなどとともに用いられた場合、動作は「行く」行為であることが明らかなので本動詞は省略可能。
　Er will nach Berlin. 彼はベルリンに行くつもりだ。
　Sie muss zur Post.
　　彼女は郵便局に行かなければならない。

August [aʊgʊ́st]

男 8月

im ... …月に《月名はすべて男性名詞。imはin demの融合形》

◇**月名**◇

☐ **Januar** 男 1月　☐ **Februar** 男 2月　☐ **März** 男 3月
☐ **April** 男 4月　☐ **Mai** 男 5月　☐ **Juni** 男 6月
☐ **Juli** 男 7月　☐ **August** 男 8月
☐ **September** 男 9月　☐ **Oktober** 男 10月
☐ **November** 男 11月　☐ **Dezember** 男 12月

allein [alaɪn]

副 …だけで　形 1人きりで

Freund [fʁɔɪnt]

男［所有冠詞または定冠詞とともに］（男の）**恋人**、（特定の）彼、友人➡ **Nr.20**（複 Freunde）（女 Freundin）

nach [naːx]

前（3格支配）…へ

nachは無冠詞の地名をともない、そこへの移動を表す。冠詞のある地名（die Schweiz スイスやdie USAなど）には使えない（➡**Nr.36**）。またder Bahnhof「駅」やdie Bank「銀行」のような、冠詞のある一般名詞にはzu、または状況に応じてinなどが使われる。
　zur Bank 銀行へ　　zum Bahnhof 駅へ

gegen
[géːgən]

前 (4格支配) …に反対の
(⇔ für 前 (4格支配) …に賛成の)

dieser
[díːzɐ]

指示代 この

	男	女	中	複
1	dieser	diese	dieses	diese
2	dieses	dieser	dieses	dieser
3	diesem	dieser	diesem	diesen
4	diesen	*diese*	dieses	diese

dieserは一般に、welcher「どの？」などの問いに対する答えとして同種の複数のものから1つを特定する場合、または特に指示性の強い場合に使われる。
Welcher Bus fährt zum Bahnhof?
どのバスが駅に行きますか？
— Dieser Bus. このバスです。

Reise
[ʁáɪ̯zə]

女 旅行　eine Reise machen 旅行する
□ **reisen** 動 [自] (s) 旅行する

sie
[ziː]

人称代 彼らは、彼女たちは、それらは (3人称複数1・4格。人称代名詞の格変化➡巻末・変化表 II–2))
《単数形で男性・女性・中性など名詞の性が異なるものであっても、複数になるとすべてsieで受けることができる。また人間だけでなく、複数名詞 (die Bücher「複数の本」, die Tische「複数の机」など) も受ける。なお3人称単数のsieとは動詞の人称変化が異なるので注意。》

zu
[tsuː]

副 zu＋形容詞 …すぎる
《zu＋形容詞は話者の事態に対するネガティブな価値判断が含意される。一般的な強調にはsehrを用いる。》

jung
[jʊŋ]

形 若い (比較 jünger 最上 jüngst- /am jüngsten)
(⇔ **alt** 形 年とった)

私たちの娘は8月に恋人と2人きりでパリへ行くつもりです。しかし私たちはこの旅行に反対しています。彼らは若すぎます。

27

Viele Menschen machen am See Urlaub und liegen gern in der Sonne.

■ **viel** [fiːl]

形 たくさんの（比較 mehr　最上 meist- / am meisten）
（vieleの*e*は形容詞の格語尾 ➡巻末・変化表 III. 形容詞）
（⇔ **wenig** 形 少しの 少量の）

■ **Mensch** [mɛ́nʃən]

男（単数1格以外 -en になる）人間、人

	単	複
1	Mensch	*Menschen*
2	Menschen	Menschen
3	Menschen	Menschen
4	Menschen	Menschen

■ **See** [zeː]

男 湖（複 Seen）
□ **See** 女 海　□ **Meer** 中 海
《水辺には前置詞 an が使われる。》
am See 湖畔で　am Meer 海岸で　am Fluss 川辺で

■ **Urlaub** [ʊ́ɐlaʊp]

男 休暇
Urlaub machen 休暇をとる、休暇を過ごす
《Urlaub は主として会社などの有給休暇や仕事を持つ人のバカンスを指す。Ferien は学校の長期の休みで、Sommerferien 夏休み、Winterferien 冬休みなど。Feiertag は祝日。》

■ **liegen*** [líːgən]

動［自］横になっている、ある（過去 lag　過分 gelegen）
（⇔ **stehen** 動［自］立っている）

■ **Sonne** [zɔ́nə]

女 太陽、日光
in der Sonne 日光の下で

多くの人が湖畔で休暇を過ごし、横になって日光浴をすることを好む。

▶ 28

„Also treffen wir uns um Viertel vor elf vor dem Ueno-Park und gehen zusammen ins Konzert.“

also [álzo]
副 それでは、すなわち

treffen* [tʁɛ́fən]
動 [他] 出会う、偶然会う、ぶつかる
Wir treffen sie. 私たちは彼女に会う。
Wir treffen uns. 私たちは(お互いに)会う。

ich	treffe	wir	treffen
du	**triffst**	ihr	trefft
er/sie/es	**trifft**	sie/Sie	treffen

vor [fóːɐ]
前 (3・4格支配)…の前に

vorは位置関係を表す3・4格支配の9個の前置詞のうちの1つ。あるものの前面にあることを表す。熟語的な表現にもよく用いられる。
vor allem　とりわけ
vor kurzem　(時間的に)ちょっと前に
nach wie vor　相変わらず、以前と変わらず

Viertel [fíːɐtəl]
中 4分の1、15分
(時計の読み方➡**Nr.11**)

Park [paʁk]
男 公園(複 Parks)

gehen* [géːən]
動 [自] (s) 行く、歩いていく(過去 ging 過分 gegangen)

zusammen [tsʊzámən]
副 一緒に

in [ɪn]
前 (3・4格支配)の中に《insはin dasの融合形。》

Konzert [kɔntsɛ́ʁt]
中 コンサート(複 Konzerte)
ins Konzert gehen コンサートに行く
□ins **Kino** gehen 映画に行く

「それでは11時15分前に上野公園の前で待ち合わせをして、一緒にコンサートに行きましょう。」

29

Ich gehe gern mit meinem Hund spazieren. Meistens gehen wir den Fluss entlang.

- **spazieren|gehen*** [ʃpatsíːʁəngeːən]
  動 [自] (s) 散歩する (過去 ging ... spazieren 過分 spazierengegangen)
- **mit** [mɪt]
  前 (3格支配) …と一緒に
- **Hund** [hʊnt]
  男 犬 (複 Hunde)
  「犬の散歩をする」は口語ではGassi gehenともいう。
  Ich gehe mit meinem Hund Gassi.
- **meistens** [máɪstəns]
  副 たいてい、普通は
- **Fluss** [flʊs]
  男 川 (複 Flüsse)
- **entlang** [ɛntláŋ]
  前 (4格支配) …沿いに
  (後置した場合は4格支配、前置では3格支配になることが多い。)

私は犬と散歩するのが好きです。私たちはたいてい川沿いを歩きます。

30

„Wie findest du seinen neuen Roman?"
„Ich finde ihn sehr interessant."

- **finden*** [fíndən]
  動 [他] 思う (過去 fand 過分 gefunden)
  〈変化〉du findest er/sie/es findet ihr findet (口調上の調整➡**Nr.20**)
  4格を形だと思う
  Wie finden Sie + 4格? あなたは4格をどう思いますか？

■ **ihn** [iːn]
人称代 er の4格

■ **neu** [nɔɪ̯]
形 新しい（⇔ **alt** 形 古い）

■ **Roman** [ʁomáːn]
男 長編小説（複 Romane）
□ **Schriftsteller** 男 **Schriftstellerin** 女 小説家

■ **interessant** [ɪntɛʁɛsánt]
形 興味深い
□ **lustig** 形 楽しい
□ **langweilig** 形 退屈な
□ **wunderbar** 形 すばらしい

「彼の新しい小説をどう思う？」
「私はとても面白いと思うよ。」

▶ 31

Meine Großeltern reisen jetzt in Europa. Das ist die Postkarte von ihnen. Das Bild ist wirklich wunderbar.

■ **Großeltern** [gʁóːsɛltɐn]
複 祖父母
□ **Großvater** 男 祖父　□ **Großmutter** 女 祖母

■ **reisen** [ʁáɪ̯zən]
動 [自] (s) 旅行する
〈変化〉du reist　er/sie/es reist
in ... reisen …の中を旅行する
　Debora reist in Japan. デボラは日本の中を旅行する。
nach ... reisen …へ旅行する
　Debora reist nach Japan. デボラは日本へ旅行する。

■ **jetzt** [jɛtzt]
副 今

■ **Europa** [ɔɪ̯ʁóːpa]
中 ヨーロッパ
□ **Asien** 中 アジア　□ **Afrika** 中 アフリカ
□ **Nordamerika** 中 北米　□ **Südamerika** 中 南米

Postkarte [pɔ́stkaʁtə]

女 はがき (複 Postkarten)

> Karteはカード状のものを意味し、Postkarte以外にも様々な合成語を作る。Spielkarten「トランプ」、Fahrkarte「乗り物の切符」、Eintrittskarte「入場券」、Speisekarte「食事のメニュー」、Kreditkarte「クレジットカード」、Bankkarte「銀行カード」など。Karteだけでも状況に応じて、あるいは習慣的に特定のものを指すこともある。
>
> Ich bezahle mit Karte.
> 私はクレジットカードで支払います。
>
> Wir spielen Karten. 私たちはトランプをします。

□ **Brief** 男 手紙　□ **E-Mail** 女 メール　□ **Karte** 女 カード

von [fɔn]

前 (3格支配) …の

> vonの主な意味・用法には、所属・所有関係を表す、いわゆる「…の」に当たるものと、von Tokyoのように時間や場所の起点を表す「…から」の2つがある。その他、動詞と結びついて習慣的・熟語的な使い方をする場合も多い。

ihnen [íːnən]

人称代 sieの3格 〈格変化〉1格 sie　3格 ihnen　4格 sie

Bild [bɪlt]

中 絵、写真 (複 Bilder)

wirklich [víʁklɪç]

副 本当に、実際に、現実に

> 話者の心情を表すために会話文では様々な副詞が使われる。wirklichの他に、eigentlich「本当は、本来ならば」、endlich「ついに、ようやく」、tatsächlich「事実、本当に」などもよく使われる。使い分けるのは最初は難しいと感じられるかもしれないが、まずはドイツ語の会話に耳を傾け、上記の表現が出てきた場合に前後の文脈からそのニュアンスを考えるところから始めるとよい。
>
> Ich muss eigentlich zur Post gehen, aber habe keine Zeit.

本当は郵便局に行かなければならないのですが、時間がありません。

Morgen sehe ich endlich Herrn Bauer.

明日私はようやくバウアーさんに会います。

Er kommt tatsächlich.

彼は本当に来るんです。

また相手の発言の確認や驚きの気持ちを込めて„Wirklich?“あるいは„Tatsächlich?“（どちらも「本当に？」の意味）などと使われることもある。

wunderbar [vʊ́ndɐbaːʁ] 形 すばらしい

私の祖父母は今、ヨーロッパを旅行しています。これが彼らからの絵葉書です。この写真は本当にすばらしいです。

▶ 32

„Wohin fahrt ihr im Winter?“
„Wir fahren Ski in den Alpen.“
„Ihr fahrt ins Ausland. Schön! Gute Reise!“

wohin [vɔhín] 疑問副 どこへ

〈文法コラム〉 hin と her

wohin は「どこへ」で woher が「どこから」に対応するが、hin と her は wo 以外にも様々な前置詞や副詞と組み合わせて用いられる。

hin は話者、または文の主語から見て遠ざかることを示す。her は話者、または主語に近づいてくることを示す。

hinaus 中から向こうの外へ

heraus 中からこちら側に

Er sieht zum Fenster hinaus.

彼は窓ごしに外を見る。

hinüber 越えて向こう側へ
herüber 越えてこちら側へ
Sie kommt von dort herüber.
彼女はそこからこちらへ来る。
hinein 向こうの中へ
herein こちらの中へ
Kommen Sie herein.
どうぞお入りください。
hinab 上からあちらの下へ（話者は上にいる）
herab 上からこちらの下へ（話者は下にいる）
Der Weg geht hinab zum Dorf.
この道は村に向かって下っている。

その他習慣的表現

hin und her あちらこちらに、目的なくぶらぶらと
Wir laufen in der Stadt hin und her.
私たちは町をあてもなく歩き回る。
hin und zurück（電車などの）往復
Einmal nach Münster hin und zurück, bitte.
ミュンスター行き、往復切符を１枚ください。

ihr [iːɐ]

人称代 君たちは（2人称親称・複数１格。人称代名詞の格変化➡巻末・変化表 II-2)）
《ihr は du に対応する複数の形。du で話す親しい間柄の人が２人以上主語となる場合に用いられる。複数の人が会話に参加している場合は、誰に問いかけているかという問題に関わるので、du と ihr は正しく使い分ける必要がある。なお所有冠詞の ihr（➡**Nr.33**）または人称代名詞 sie の３格 ihr と混同しないように注意。》

Winter [víntɐ]

男 冬（季節の表現➡**Nr.22**）
im Winter 冬に《im は in dem の融合形》

Alpen [álpən]

複 アルプス山脈

Ski [ʃiː]
男 スキー《発音に注意。Ski [ʃiː]》
□ **Snowboard** 中 スノーボード

Ausland [áu̯slant]
中 外国、海外
ins Ausland 外国へ　im Ausland 外国で

Reise [ʁáɪ̯zə]
女 旅行
Gute Reise! よい旅行を！

ドイツ語には別れ際に声をかける様々な言い回しがある。Auf Wiedersehen「さようなら」や Tschüss「バイバイ」だけではなく、いろいろな表現が日常的に用いられている。

Schönen Tag/Abend noch!	よい一日／晩を！
Schönes Wochenende!	よい週末を！
Gute Besserung!	お大事にね。
Viel Erfolg!	がんばってね。

状況に応じて「あなたもね」と返答する：
Dir/Ihnen auch! または Danke, gleichfalls!

「君たちは冬にはどこに行くの？」
「私たちはアルプスでスキーをするんだよ。」
「外国へ行くの。それはいいね、よい旅行を！」

33

Am Mittwoch besucht meine Mutter ihre Eltern. Sie wohnen auf dem Land.

Mittwoch [mítvɔx]
男 水曜日
am ... …曜日に

besuchen [bəzúːxən]
動 [他] 訪問する、訪ねる

Mutter [mʊ́tɐ]
女 母親

ihr
[iːɐ]

所有冠 彼女の、彼ら／彼女たちの、それらの

	男	女	中	複
1	ihr	ihre	ihr	Ihre
2	ihres	ihrer	ihres	ihrer
3	ihrem	ihrer	ihrem	ihren
4	ihren	ihre	ihr	*ihre*

人称代名詞の３人称単数 sie に対応する所有冠詞の ihr と３人称複数 sie の所有冠詞は同形である。ihr は人間に限らず直前に出てきた女性名詞または複数名詞についてその所有関係を表すことができる。

Da sieht man eine Kirche und *ihren* Turm.
そこに教会とその塔が見える。

Diana und Sven lernen Klavier. Herr Bach ist *ihr* Lehrer.
ディアナとスベンはピアノを習っている。バッハ氏が彼らの教師です。

人称代名詞の ihr（**➡Nr.32**）と混同しないように注意。

Eltern
[ɛ́ltɐn]

複 両親

Ich wohne bei meinen Eltern. 私は両親と暮らしています。《bei meinen Eltern のように bei を用いると、社会的・経済的に両親に依存して暮らしているという意味になる。同等で同居している場合は mit meinen Eltern》

□ **Familie** 女 家族（複 Familien）

〈文法コラム〉 家族紹介の表現

Ich habe Familie.「家族がいます」、または Ich wohne mit meiner Familie.「家族と暮らしています」、といった場合は、Familie は一般的には親兄弟でなはく、自分の配偶者や子どもの意味になる。また「うちは…人家族です」というように同居の家族の数をいうことはほとんどない。例えば祖母と両親、弟、姉の６人家族の人が家族紹介する場合、Ich wohne bei meinen Eltern. Mein Vater ist Lehrer. Meine Mutter ist Zahnärztin. Ich habe einen Bruder und eine Schwester. Meine Großmutter wohnt auch bei uns.「私は両親と暮らしています。父は教師で母は歯科医です。私には弟と姉がいます。祖母も私たちと一緒に暮らしています」のように具体的に説明する方がよい。

Land [lant]
中 **土地**、陸地、地域 (複 Länder)
auf dem Land 田舎で (⇔ in der Stadt 都会で)

水曜日に私の母は自分の両親の家を訪ねます。彼らは田舎に住んでいます。

34

In den Bergen ist es im April bestimmt noch kalt. Nehmen Sie einen dicken Pullover und eine warme Jacke oder einen Mantel mit.

Berg [bɛʁk]
男 **山** (複 Berge)
auf einen Berg steigen 登山する

bestimmt [bəʃtímt]
形 (副詞的に) **きっと**、まちがいなく

noch [nɔx]
副 **まだ**、なお、いまだに

kalt [kalt]
形 **寒い**、冷たい
(比較 kälter 最上 kältest- / am kältesten) (⇔ **heiß** 形 暑い)

mit|nehmen* [mítneːmən]
動 [他] **持っていく**
(過去 nahm ... mit 過分 mitgenommen)

ich	nehme ... mit	wir	nehmen ... mit
du	**nimmst ... mit**	ihr	nehmt ... mit
er/sie/es	**nimmt ... mit**	sie/Sie	nehmen ... mit

dick [dɪk]
形 **厚手の** (⇔ **dünn** 形 薄手の)

Pullover [pʊlóːvɐ]
男 **セーター** (複 Pullover)

warm [vaʁm]
形 暖かい（比較 wärmer 最上 wärmst- / am wärmsten）
（⇔ **kühl** 涼しい）

Jacke [jakə]
女 ジャケット、上着（複 Jacken）

Mantel [mántəl]
男 オーバーコート（複 Mäntel）

oder [óːdɐ]
接続（並列）または、あるいは

山の中は4月でもまだ寒いに違いありません。厚手のセーターと暖かいジャケット、あるいはオーバーを持っていってください。

35

> „Was sind Sie von Beruf?"
> „Ich bin Ingenieur. Ich arbeite bei BMW."

Beruf [bəʁúːf]
男 職業、仕事

Was sind Sie von Beruf? は職業・身分を尋ねる決まり文句。返事は、Ich bin Ingenieur. だけでもよいし、Ich bin Ingenieur von Beruf. としてもよい。

Ingenieur [ɪnʒeniǿːʁ]
男 エンジニア（複 Ingenieure）
□ **Ingenieurin** 女（女の）エンジニア

ドイツでは職業を聞かれたときに、「会社員です」(Angestellter) と名のったり、「○○会社に勤めています」と会社名を挙げる人は実際にはあまりいない。日本とは異なり、職に就くためには専門の職業学校を出てその分野の資格をとるか、大学であればその関連の専攻から国家試験を受けるなど、就職の際には最初から専門性が求められる。「会社」に就職するというより、その分野の仕事に就くという感じである。出世するには通常転職をくり返し、終身雇用・年功序列という制度は日本ほど定着していない。また失業していたとしても、あるいは家庭の事情などでその職を離れたとしても、Sie ist Lehrerin.「彼女は教師です」と現在形で言い続ける。過去形を使ってSie war Lehrerin.「彼女は教師でした」というと、定年退職したか、すでに亡くなっていると受け取られる。

◇**職業**◇

□ **Friseur** 男	**Friseuse** 女	美容師
□ **Bäcker** 男	**Bäckerin** 女	パン職人
□ **Lehrer** 男	**Lehrerin** 女	教師
□ **Kellner** 男	**Kellnerin** 女	ウェイター／ウェイトレス
□ **Architekt** 男	**Architektin** 女	建築家
□ **Rechtsanwalt** 男	**Rechtsanwältin** 女	弁護士
□ **Politiker** 男	**Politikerin** 女	政治家
□ **Beamter** 男	Beamtin 女	公務員

■ **bei**
[baɪ̯]

前 （3格支配）…**のところ**（会社名など）**で**

beiは「bei会社名」の他、習慣的な用法が多い。
Ich bin jetzt beim Arzt/bei der Bank/beim Friseur.
私は今、医者／銀行／美容院に来ています。
„bei uns"という表現もよく用いられるが、会話の相手に対して「うちでは」「こちらでは」というニュアンスをもつ。Bei uns feiert man Weihnachten nicht groß. こちらでは（相手がドイツに居住している場合などで、「日本では」の意味で）クリスマスはそれほど大きく祝いません。

「お仕事はなんですか？」
「私はエンジニアです。BMWで働いています。」

36

Nach der Konferenz fliegt sie wieder in die Schweiz, denn sie hat da ein Projekt mit einem Musiker.

■ **Konferenz**
[kɔnfeʁɛ́nts]

女 会議（複 Konferenzen）
□ **Gipfelkonferenz** 女 首脳会談、サミット

fliegen*
[flíːgən]
動 [自] (s) (飛行機で) 行く、飛ぶ (過去 flog 過分 geflogen)

wieder
[víːdɐ]
副 再び、もう1度

nach
[naːx]
前 (3格支配) …の後で

nach は nach Frankfurt のように冠詞がついていなければ「…へ」の意味と考えられる。冠詞がついている場合は nach の他の意味「…によれば」ということもあるので、文脈や動詞の意味による判断が必要。また習慣的用法として、Nach Ihnen.「あなたの後で」のように使い、「お先にどうぞ」と、順番を譲る表現としてもよく用いられる。

Schweiz
[ʃvái̯ts]
女 スイス

国名には定冠詞がつくものがある。冠詞は必要に応じて変化させる。
□ **die USA** 複 アメリカ　□ **die Türkei** 女 トルコ
□ **der Iran** 男 イラン　□ **die Niederlande** 複 オランダ
Ich fahre *in die* Schweiz.　(4格)
Ich wohne *in der* Schweiz.　(3格)
(その他の国名➡**Nr.70**)

denn
[dɛn]
接続 (並列) というのは、なぜなら、つまり

理由を表す節を導く weil は従属の接続詞。語順の違いに気をつける。denn では理由の説明がすでに相手が知っていることを確認するなど補足的である感じなのに対して weil を用いると理由の説明に重点が置かれている印象になる。

Projekt
[pʁojɛ́kt]
中 プロジェクト (複 Projekte)

■ **Musiker**
[múːzɪkɐ]

男 音楽家（複 Musiker）
□ **Künstler** 男（複 Künstler）芸術家
□ **Maler** 男（複 Maler）画家
□ **Designer** 男（複 Designer）デザイナー
《ここでは女性形はすべて男性形に -in をつける形となる。》

会議の後、彼女は再びスイスに飛びます。彼女はそこである音楽家とのプロジェクトがあるからです。

37

Mein Vater ist Bankangestellter. Er arbeitet acht Stunden am Tag und fünf Tage in der Woche.

■ **Vater**
[fáːtɐ]

男 父親（複 Väter）

■ **Bankangestellter**
[báŋkaŋɡəʃtɛltɐ]

男 銀行員（形容詞変化）
Bank 女「銀行」+ Angestellter 男「会社員」
□ **Angestellte** 女（女の）会社員

職業身分などの表現には、形容詞変化を使うものがある。形容詞の名詞化と同じ。冠詞の有無や種類、文中での格によって名詞の形が変わるので注意が必要。ドイツ人（**Deutscher** 男、**Deutsche** 女）も形容詞変化。（➡**Nr.131** 参照）

■ **arbeiten**
[áʁbaɪ̯tən]

動［自］働く
〈変化〉du arbeitest er/sie/es arbeitet

arbeiten はお金を稼ぐことを必ずしも意味しない。
Ich arbeite im Garten. 私は庭仕事をする。
Ich arbeite in der Bibliothek. 私は図書館で勉強する。
日本語の「アルバイトをする」には、jobben を使う。

■ **Stunde**
[ʃtʊ́ndə]

女 時間（複 Stunden）
□ **halb** 半分、2分の1
eine halbe Stunde 30分
□ **eineinhalb, anderthalb** 1と2分の1

eineinhalb (または anderthalb) Stunden 1時間半

□ **Viertel** 中 4分の1

eine Viertelstunde　15分

eine Dreiviertelstunde 45分

Tag [taːk]

男 日 (複 Tage)

□ **Monat** 男 月　□ **Jahr** 中 年　□ **Woche** 女 週

私の父は銀行員です。彼は毎日8時間、週に5日働いています。

38

„Sie sollen diesen Knopf drücken. Dann bekommen Sie Ihre Nummer."

drücken [dʁʏ́kən]

動 [他] 押す

Knopf [knɔpf]

男 ボタン (複 Knöpfe)

dann [dan]

副 (順番を表して) それから、そして

bekommen* [bəkɔ́mən]

動 [他] 受けとる、得る、もらう
(過去 bekam 過分 bekommen)

Nummer [nʊ́mɐ]

女 番号、番号カード (複 Nummern) 《「5番」などというように数字が入る場合は Nr.5 と略される。》

Nummer は合成名詞をつくることが多い。

Kundennummer 女 お客様番号

Hausnummer 女 家番号

＊ドイツの家にはすべて家番号がついている。

Telefonnummer 女 電話番号

Handynummer 女 携帯電話番号

「このボタンを押してください。そうするとあなたの番号カードが出てきます。」

▶ 39

„Hängen Sie bitte die Uhr an die Wand!“
„Welche Uhr meinen Sie? Die Uhr hängt doch schon an der Wand.“

hängen [hɛ́ŋən]

動 [自] ぶら下がる、掛かっている
(過去 hing 過分 gehangen)
[他] (規則変化) ぶら下げる、掛ける

hängen は自動詞としても他動詞としても用いられる。ただし自動詞用法では過去形・過去分詞形で不規則変化をする。

自動詞 (不規則変化)：

Die Jacke hängt im Schrank.
ジャケットはタンスの中に掛かっている。

Die Jacke hat im Schrank gehangen.
ジャケットはタンスの中に掛かっていた。

他動詞 (規則変化)：

Ich hänge die Jacke in den Schrank.
私はジャケットをタンスの中に掛ける。

Ich habe die Jacke in den Schrank gehängt.
私はジャケットをタンスの中に掛けた。

Uhr [uːɐ]

女 時計 (複 Uhren)

an [an]

前 (3・4格支配) …に接して、…の際に

Wand [vant]

女 壁 (複 Wände)

welcher [vɛ́lçɐ]

疑問代 どの

	男	女	中	複
1	welcher	welche	welches	welche
2	welches	welcher	welches	welcher
3	welchem	welcher	welchem	welchen
4	welchen	*welche*	welches	welche

welche- は同じカテゴリーの中でどれかを問う場合や、同種のものの中で選択肢がある場合に用いられる。

Welche Sprachen sprechen Sie?
あなたはどの言語が話せますか？
— Ich spreche Deutsch und Englisch.
私はドイツ語と英語が話せます。
Welcher Bus fährt nach Basel?
(何台かバスがあるところで)どのバスがバーゼルに行きますか？
— Dieser Bus. このバスです。

meinen [máɪ̯nən]

動 [他] 思う、意図する、…という考えを持っている

doch [dɔx]

副 (答えの調子を強めて) もちろん

schon [ʃoːn]

副 すでに

「時計を壁に掛けてください。」
「あなたはどの時計のことを言っているのですか？ 時計ならもう壁に掛かっていますよ。」

▶ 40

„Ich schreibe einen Brief an meinen Lieblingssänger.　Vielleicht bekomme ich eine Antwort von ihm.“
„Viel Glück!“

■ **schreiben** [ʃʁáɪbən]
動 [他] (人³ / an 人⁴ に 物⁴ を) 書く

■ **Brief** [bʁíːf]
男 手紙 (複 Briefe)

■ **Lieblingssänger** [líːplɪŋ szɛ́ŋɐ]
男 大好きな歌手

Lieblings + **Sänger** 男 歌手 = Lieblingssänger 大好きな歌手

> Lieblings- と名詞を組み合わせると、「大好きな…」という意味になる。
> **Lieblingsessen** 中 大好きな食べ物
> **Lieblingssport** 男 大好きなスポーツ
> **Lieblingstier** 中 大好きな動物

■ **vielleicht** [fiːláɪçt]
副 もしかすると、場合によっては

■ **Antwort** [ántvɔʁt]
女 答え、返事

■ **Glück** [glʏk]
中 幸運

viel Glück 幸運を祈る、お幸せに

「好きな歌手に手紙を書いているの。もしかしたら返事をもらえるかもしれない。」
「幸運を祈るよ。」

41

Sie schenkt ihrem kleinen Bruder nicht nur ein Heft, sondern auch einen guten Kugelschreiber.

schenken [ʃɛ́ŋkən]

動 [他]（人³に物⁴を）贈る、プレゼントする

> **〈文法コラム〉 語順④**
> 3格と4格の目的語の語順は原則として以下の通り。
> 1）両方名詞の場合は3格－4格
> 2）どちらかが代名詞の場合は代名詞が先
> 3）両方代名詞の場合は4格－3格

ihr [iːɐ]

所有冠 彼女の

klein [klaɪn]

形 小さい

Bruder [bʁúːdɐ]

男 兄、弟（複 Brüder）
（⇔ **Schwester** 女 姉・妹）
《ドイツ語では兄、弟のような区別をしないことが多いが、klein をつけることによって年下のきょうだいであることを示すことがある。》（「きょうだい」の表現➡**Nr.68**）

Heft [hɛft]

中 ノート（複 Hefte）

sondern [zɔ́ndɐn]

接続 （並列）…ではなく…（否定詞と連動して）
nicht nur ... sondern auch ～（2つの物事を対比して）…だけではなく～

Kugelschreiber [kúːgəlʃʁaɪbɐ]

男 ボールペン（複 Kugelschreiber）（文具➡**Nr.9**）

彼女は弟にノートだけでなく、よいボールペンもプレゼントします。

42

Der Junge bekommt zum Geburtstag ein Fahrrad. Es ist grün und sehr schön.

■ **Junge**
[jʊ́ŋə]

男 少年、男の子（単数1格以外 -[e]n になる）
（⇔ **Mädchen** 中 少女、女の子）

	単	複
1	Junge	Jungen
2	Jungen	Jungen
3	Jungen	Jungen
4	Jungen	Jungen

■ **bekommen***
[bəkɔ́mən]

動 ［他］（プレゼントして）**もらう**、受けとる
（過去 bekam 過分 bekommen）

■ **Geburtstag**
[gəbʊ́ʁtsta:k]

男 誕生日
zum Geburtstag 誕生日に
Herzlichen Glückwunsch zum Geburtstag!
誕生日おめでとう。

■ **Fahrrad**
[fá:ʁʁa:t]

中 自転車（複 Fahrräder）
「サイクリングする」、「自転車に乗る」は次のようにいう。
Ich fahre Rad. 私は自転車に乗ります。

■ **grün**
[gʁy:n]

形 緑（色）の

◇色◇
□ **schwarz** 形 黒　□ **weiß** 形 白　□ **gelb** 形 黄色
□ **rot** 形 赤　□ **braun** 形 茶色　□ **blau** 形 青
□ **bunt** 形 カラフルな

■ **schön**
[ʃø:n]

形 美しい、きれいな
（⇔ **hässlich** 形 美しくない、趣味が悪い、見かけが悪い）

hässlich は「醜い」などと訳されるが日本語の「醜い」はあまり日常的には使われない言葉である。
hässlich はそれほど珍しい表現ではなく、hässliche Gebäude, ein hässliches Auto などのように、センスが悪い、趣味が悪いなどの意味でよく用いられる。

その少年は誕生日に自転車をもらいます。その自転車は緑色でとてもきれいです。

43

„Wem gehört das Radio dort?"
„Es gehört meinem Onkel. Es ist alt und nicht praktisch."

gehören [gəhǿːʁən]
動 [自] 物事[1] が 人[3] のものである
《gehören は所有する対象物が１格で、それを所有する人間が３格となる。文の構造に注意が必要。そもそも gehören の１格（主語）に人間が置かれることはまれで、動詞の人称変化形としては、とりあえず３人称の単数と複数の形を覚えておけばよい。》
Das Buch *gehört* mir. この本は私のです。
Die Bücher *gehören* mir. これらの本は私のです。

Radio [ʁáːdɪo]
中 ラジオ（複 Radios）
□ **Fernseher** 男 テレビ（複 Fernseher）

dort [dɔʁt]
副 あそこに（で）、そこに（で）

Onkel [ɔ́nkəl]
男 おじさん、叔父・伯父（複 Onkel）
（⇔ **Tante** 女 おばさん、叔母・伯母）

alt [alt]
形 古い（比較 älter 最上 ältest- / am ältesten）
（⇔ **neu** 形 新しい）

praktisch [pʁáktɪʃ]
形 実用的な

「あそこにあるラジオは誰のですか？」
「それは私の叔父のです。それは古くて実用的ではありません。」

44

Von halb sieben bis acht Uhr machen die Kinder die Hausaufgaben. Danach dürfen sie eine Stunde fernsehen.

■ **von ... bis ～** 表現 …から～まで

■ **Hausaufgabe** [háusaufga:bə] 女 (普通複数で) 宿題 (複 Hausaufgaben)

■ **danach** [daná:x] 副 その後

■ **dürfen*** [dýʁfən] 助動 …してもよい (規則などで決まっていること。ここでは親の決めた家庭内ルールの意味で)
(過去 durfte 過分 dürfen)

ich	**darf**	wir	dürfen
du	**darfst**	ihr	dürft
er/sie/es	**darf**	sie/Sie	dürfen

■ **fern|sehen*** [féʁnze:ən] 動 [自] テレビを見る
(過去 sah ... fern 過分 ferngesehen)

ich	sehe ... fern	wir	sehen ... fern
du	**siehst ... fern**	ihr	seht ... fern
er/sie/es	**sieht ... fern**	sie/Sie	sehen ... fern

6時半から8時まで子ども達は宿題をします。そのあと、彼らは1時間テレビを見てよいことになっています。

45

„Kann ich das Fenster aufmachen? Mir ist sehr heiß."

■ **auf|machen** [áufmaxən] 動 [他] 開ける
(⇔ **zu|machen** 閉める)
《aufやzuだけを副詞的に用いて、Das Geschäft ist zu.「お店は閉まっています」、Das Restaurant ist auf.「レストランは開いています」のようにも使う。》

Fenster [fɛ́nstɐ]
中 窓（複 Fenster）

mir [miːɐ]
人称代 ichの３格　〈格変化〉１格 ich　３格 mir　４格 mich

> 「寒いです」「暑いです」のように体感温度をいう場合は人称代名詞は３格で用いる。第３者の様子に対しても同様に「寒そうだ」「暑そうだ」の意味で使える。文法的には主語は仮主語のesになるが、多くの場合、省略される。
> Mir ist (es) sehr heiß.　とても暑いです。
> Ist (es) dir/Ihnen kalt? 寒いですか？
> Ihr ist (es) kalt.　彼女は寒そうだ。

heiß [haɪ̯s]
形 暑い
（⇔ **kalt** 形 寒い）

「窓を開けてもいいですか？ とても暑いです。」

46

„Vielen Dank für Ihre Mühe. Ich bin Ihnen sehr dankbar dafür.“
„Keine Ursache. Das macht gar nichts!“

Dank [dank]
男 感謝、お礼
Vielen (herzlichen) Dank! の形で「本当にありがとう」。

Mühe [mýːə]
女 苦労、努力、尽力
お礼の決まり文句としてはMüheのかわりに、**Hilfe**（女 手伝い、助力）もよく使われる。

dankbar [dánkbaːʁ]
形 感謝している、ありがたく思っている
〈人^3 ＋für 物・事^4 ＋dankbar sein〉人^{3}に物・事^{4}について感謝している

Ursache [ú:ɐzaxə]
女 原因、理由（複 Ursachen）

> 相手のお礼や謝罪の言葉に対する返事はこの他にも様々な表現がある。
> Nichts zu danken. お礼などおっしゃらずに。
> Gern geschehen. どういたしまして。
> Das ist selbstverständlich. 当然のことですよ。

machen [máxən]
動［他］する、つくる
Das macht nichts. の形で、お礼や謝罪の返事として、「なんでもありませんよ」の意味で用いられる。

gar [ga:ʁ]
副（nicht や kein などの否定を強調して）全然、まったく、決して

「あなたの尽力に大変感謝します。大変ありがたく思っています。」
「お礼にはおよびません。なんでもないことですよ。」

47

„Es ist schon spät. Ich gehe langsam ins Bett."

spät [ʃpɛ:t]
形（時間が）遅い （⇔ **früh** 形 早い）
□ **spätestens** 副 遅くとも

langsam [láŋza:m]
形 ゆっくり、そろそろ

Bett [bɛt]
中 ベッド（複 Betten）

> in ＋ 4格 ＋ gehen という形の表現は、そこの場所に行くだけでなく、中で行われることも含意する、あるいは主眼がそこにある場合が多い。
> 主なもの：
> ins Bett gehen 寝る
> ins Café gehen カフェでお茶を飲む
> ins Kino/Theater gehen 映画／芝居を見る
> ins Restaurant gehen レストランで食事をする

in die Mensa gehen　　学食で食事をする

一方、in + [4格] ではなく zu + [3格] を用いた場合は、上記の行為をしたかどうかは問題にしない。

Ich gehe zum Restaurant und hole sie ab.

私はレストランに彼女を迎えに行く。

「もう遅いです。私はそろそろ寝ます。」

48

„Mein Bauch tut weh und ich habe auch Kopfschmerzen."
„Hast du Fieber?"
„Nein, ich habe kein Fieber."

Bauch
[baʊ̯x]

男 お腹、腹部

◇**身体部位**◇

☐ **Bein** 中 足 (複 Beine)　☐ **Arm** 男 腕 (複 Arme)

☐ **Kopf** 男 頭　☐ **Nacken** 男 襟首、うなじ

☐ **Rücken** 男 背中　☐ **Hüfte** 女 腰

☐ **Haut** 女 肌、皮膚　☐ **Finger** 男 指 (複 Finger)

手の指はそれぞれ、Daumen 親指 Zeigefinger 人差し指 Mittelfinger 中指 Ringfinger 薬指 kleiner Finger 小指という。すべて男性名詞。足の指は Finger ではなく、Zehe 女 (複 Zehen)。

weh|tun*
[véːtuːn]

動 [自] [体の部位][1] が [人][3] に痛む

([過去] tat ... weh [過分] wehgetan)

《weh tun とも表記される。tun の人称変化は **Nr.132** 参照》

所有冠詞をつけた言い方と、体の部位に定冠詞をつけ、痛みを感じる人間を３格で表す両方の言い方が可能。

Mein Kopf tut weh.

Der Kopf tut mir weh.

■ **Kopfschmerzen** 複 頭痛

[kɔ́pfʃmɛʁtsən]

《**Schmerz** 男「痛み」は様々な体の部位と合成語をつくり、普通は複数形（**Schmerz*en***）で用いられる。》

□ **Bauchschmerzen** 複 腹痛　□ **Zahnschmerzen** 複 歯痛

□ **Rückenschmerzen** 複 腰痛、背中の痛み

□ **Halsschmerzen** 複 のどの痛み

Ich habe keine Kopfschmerzen. 私は頭痛はありません。

■ **Fieber** 中 熱

[fíːbɐ]

「お腹が痛くて、頭痛もします。」
「熱がありますか？」
「いいえ、熱はありません。」

▶ 49

„Öffnen Sie bitte die Tür. Unsere Katzen sind wahrscheinlich bald zurück."

■ **öffnen** 動 [他] 開ける（⇔ **schließen** 動 [他] 閉める）

[œ́fnən]

〈変化〉du öffnest　er/sie/es öffnet

■ **Tür** 女 ドア（複 Türen）

[tyːɐ]

■ **Katze** 女 ネコ（複 Katzen）

[kátsə]

■ **wahrscheinlich** 副 おそらく、たぶん

[vaːʁʃáɪ̯nlɪç]

◇**可能性を表す副詞**◇

□ **sicher** 必ず・きっと　□ **vielleicht** ひょっとしたら

《可能性の高いほうから sicher → wahrscheinlich → vielleicht となる。誰かを誘って„Vielleicht."と言われたら、ほぼ断られたと思ってよいだろう。》

■ **bald** 副 まもなく

[balt]

■ **zurück** 副 戻って

[tsuʁʏ́k]

「ドアを開けてください。うちのネコがおそらくすぐに戻ってくると思います。」

50

„Kann ich Ihnen helfen?“
„Danke, das ist sehr nett. Der Drucker ist wirklich schwer.“

können* [kœnən]

助動 できる(変化表➡ **Nr.15**)

人に手助けなどを申し出るとき、Kann ich ...? …しましょうか?(**Nr.15** も参照)

helfen* [hɛ́lfən]

動 [自] 人³ を手伝う、手を貸す(過去 half 過分 geholfen)

ich	helfe	wir	helfen
du	**hilfst**	ihr	helft
er/sie/es	**hilft**	sie/Sie	helfen

《helfen の目的語は3格になることに注意。3格の目的語を単独でとる動詞 gefallen, gehören など注意して覚えるとよい。》

nett [net]

形 親切な、感じのいい

《Das ist sehr nett von Ihnen/von dir. は「ありがとうございます」の意味で用いられる。》

Drucker [dʀʊ́kɐ]

男 プリンタ(複 Drucker)

□ **aus|drucken** 動 [他] プリントアウトする、印刷する

□ **Kopierer** 男 コピー機(複 Kopierer)

□ **kopieren** 動 [他] コピーをとる

schwer [ʃveːɐ]

形 重い

(⇔ **leicht** 形 軽い)

「お手伝いしましょうか?」
「ご親切にありがとうございます。このプリンタは本当に重いです。」

51

Neben dem Fernseher liegt eine Tasche. In der Tasche sind zwei Bücher, ein Handy und ein Geldbeutel.

neben [néːbən]	前 (3・4格支配)…の隣に、横に
	neben は位置関係を表す3・4格支配の9個の前置詞のうちの1つ。あるものの隣または横にあることを表す。対象同士が接しているかどうかは関係ない。接していることを表す場合は an が用いられる。 Er steht an der Tür. 彼はドアに(接して)立つ。 Er steht neben der Tür. 彼はドアの横に立つ。
Fernseher [fɛ́ʁnzeːɐ]	男 テレビ (複 Fernseher) □ **fern|sehen** 動 [自] テレビ番組を見る
liegen* [líːgən]	動 [自] **横たわっている**、(横にして) 置いてある (過去 **lag** 過分 **gelegen**) (⇔ **stehen** 動 [自] 立っている、(立てて) 置いてある)
Tasche [táʃə]	女 カバン (複 Taschen)
Buch [buːx]	中 本 (複 Bücher) □ **Kinderbuch** 中 児童書　□ **Kochbuch** 中 料理本 □ **Lehrbuch** 中 教科書　□ **Taschenbuch** 中 文庫本 □ **Wörterbuch** 中 辞書
Handy [hɛ́ndɪ]	中 携帯電話 (複 Handys)
Geldbeutel [gɛ́ltbɔ͜ɪtəl]	男 財布 (複 Geldbeutel) 《財布は Portmonnaie 中 ともいう。》

テレビの横にカバンがあります。カバンの中には2冊の本と携帯と財布が入っています。

52

Mein Mann hat mit seinem Computer Probleme. Er schickt den Computer sofort an die Firma.

Mann
[man]

男 男の人、（所有冠詞とともに）夫（複 Männer）
（⇔ **Frau** 女）

> mein Mann 私の夫　Ihr / dein Mann あなたの／君の夫
> ihr Mann 彼女の夫
> 「恋人」は所有冠詞＋Freund / Freundin（➡**Nr.20**）

Computer
[kɔmpúːtɐ]

男 コンピュータ、パソコン（複 Computer）

Problem
[pʁobléːm]

中 問題（複 Probleme）
mit＋3格＋Problem haben　～に問題がある、～のことで困っている

schicken
[ʃíkən]

動 [他]〈人^3/an 人^4 ＋物^4〉（人に物^{4}を）郵送する

sofort
[zofɔ́ʁt]

副 ただちに

Firma
[fíʁmɐ]

女 会社（複 Firmen）

> 私の夫は自分のコンピュータのことで困っています。彼はただちにこの会社にコンピュータを送ります。

53

Zwischen der Bibliothek und der Bäckerei steht ein altes Café. Das Café heißt „Alte Eule“.

zwischen
[tsʊvíʃən]

前（3・4格支配）…と～の間

> zwischen は位置関係を表す3・4格支配の9個の前置詞のうちの1つ。2つのものの間にあることを表す。

《同種間の場合は、「もの」は複数形。Die Zeitung steckt zwischen den Büchern. 新聞は本と本の間にあるよ。》

■ **Bibliothek** [bɪblɪoté:k] 女 図書館 (複 Bibliotheken)

■ **stehen*** [ʃté:ən] 動 [自] 立っている、ある (過去 stand 過分 gestanden)

■ **Bäckerei** [bɛkəlaɪ] 女 パン屋 (複 Bäckereien)

■ **Café** [káfə] 中 カフェ、喫茶店 (複 Cafés)

■ **alt** [alt] 形 古い、歴史のある、高齢の (比較変化➡**Nr.43**)

■ **Eule** [ɔ́ɪlə] 女 フクロウ (複 Eulen)

図書館とパン屋の間に古いカフェがあります。そのカフェは「老フクロウ」という名前です。

54

Ich muss die Toilette und das Badezimmer putzen. Sie sind schmutzig.

■ **müssen*** [mʏ́sən] 助動 …しなければならない

ich	**muss**	wir	müssen
du	**musst**	ihr	müsst
er/sie/es	**muss**	sie/Sie	müssen

否定で用いると、「する必要がない」という意味になる。
Er muss nicht Deutsch lernen.
彼はドイツ語を勉強する必要はない。
また人になにかを強く勧める場合にも用いる。
In Nürnberg musst du unbedingt Würste essen.
ニュルンベルクでは絶対にソーセージを食べるべきだよ。

■ **Toilette** [toalɛ́tə] 女 トイレ (複 Toiletten)
Ich möchte auf die Toilette. トイレに行きたいのですが。

Badezimmer 中 風呂場、浴室

[báːdətsɪmɐ]

- □ **Zimmer** 中 部屋
- □ **Arbeitszimmer** 中 書斎、仕事部屋
- □ **Kinderzimmer** 中 子ども部屋
- □ **Schlafzimmer** 中 寝室
- □ **Wohnzimmer** 中 リビング

putzen 動 [他] (汚れているところを) **みがく**、掃除する

[pʊ́tsən]

《Schuhe putzen (靴をみがく) などの他、野菜などの皮をむいたり種をとるなどの下処理をする場合も用いられる。Ich putze Kartoffeln. 私はジャガイモの処理をします。》

> 一般的に、家事の「掃除する」を意味するには次のような表現もある。
> Ich mache sauber. 私は掃除します (きれいにします)。
> Ich putze/sauge die Wohnung.
> 私は家を掃除します／掃除機をかけます。
> Ich sauge/wische Staub.
> 私は掃除機をかけます／埃を拭きます。

schmutzig 形 **汚れた**、きたない、不衛生な

[ʃmʊ́tsɪç]

(⇔ **sauber** 形 清潔な、きれいな、衛生的な)

私はトイレと風呂場を掃除しなければなりません。それらは汚れていますから。

▶ 55

Er sitzt auf dem Stuhl und wartet auf den Arzt.

sitzen* 動 [自] **座っている** (過去 saß 過分 gesessen)

[zítsən]

〈変化〉du sitzt er/sie/es sitzt

Stuhl 男 **いす** (複 Stühle)

[ʃtúːlə]

warten 動 [自] **待つ**

[váʁtən]

〈変化〉du wartest er/sie/es wartet

auf + 4格 + warten 4格を待つ

■ **Arzt**
[aʁtst]

男 (男の) 医者 (複 Ärzte)
□ **Ärztin** 女 (女の) 医者
□ **Krankenpfleger** 男 / **Krankenpflegerin** 女 看護師
(**Krankenhaus** 中 病院➡**Nr.92**)

彼はいすに座って医者を待っています。

56

Kannst du mir ein Taxi rufen? Ich muss sofort nach Hause.

■ **Taxi**
[táksi]

中 タクシー (複 Taxi(s))

■ **rufen***
[ʁúːfən]

動 [他] よぶ (過去 rief 過分 gerufen)

■ **nach Hause**
[naːx hau̯zə]

表現 自宅へ
《「自宅へ」という場合はHauseは無冠詞で用いる。》
《話法の助動詞を使う場合、nachやzuなど移動方向を表す前置詞があればfahrenやgehenなどの移動動詞は省略可能。》
(自宅で zu Hause ➡**Nr.14**)

タクシーをよんでもらえますか？ 私はすぐに家に帰らなければなりません。

57

Seine Waschmaschine ist seit gestern kaputt. Er wäscht seine Wäsche mit der Hand.

■ **Waschmaschine**
[váʃmaʃiːnə]

女 洗濯機 (複 Waschmaschinen)

◇家電◇
□ **Kühlschrank** 男 冷蔵庫
□ **Klimaanlage** 女 エアコン □ **Staubsauger** 男 掃除機
□ **Lampe** 女 照明器具、電気スタンド □ **Heizung** 女 暖房
□ **Ventilator** 男 扇風機 □ **Mikrowelle** 女 電子レンジ

seit
[zaɪ̯t]

前 （3格支配）…以来、…からずっと
seit April 4月以来　seit einer Woche 1週間前からずっと
seit 1989 1989年以来

gestern
[gɛ́stɐn]

副 昨日

kaputt
[kapʊ́t]

形 壊れた

waschen*
[váʃən]

動 ［他］洗う（過去 wusch　過分 gewaschen）

ich	wasche	wir	waschen
du	**wäschst**	ihr	wascht
er/sie/es	**wäscht**	sie/Sie	waschen

（waschenの再帰表現➡**Nr.121**）

Wäsche
[vɛ́ʃə]

女 洗濯物、洗濯（複 Wäschen）

mit
[mɪt]

前 （3格支配）…で（手段・道具）

Hand
[hant]

女 手（複 Hände）
mit der Hand 手で、機械などを使わずに

彼の洗濯機は昨日から故障しています。彼は手で洗濯物を洗っています。

58

Hier darf man nicht parken. Vorne ist der Eingang vom Kindergarten.

dürfen*
[dʏ́ʁfən]

助動 （規則などで決まっていて）…してもよい
（過去 durfte　過分 dürfen）（dürfenの変化➡**Nr.44**）

man
[man]

不定代 人（世間の人など、一般的な事をいう場合に用いられる）

parken
[páʁkən]

動 ［自］駐車する

dürfenとともによく使われる動詞
□ **rauchen** タバコを吸う　□ **fotografieren** 写真を撮る

☐ **essen** 食事をする　☐ **telefonieren** 通話する
Hier darf man nicht telefonieren.
ここでは電話での会話はしないでください。

■ **vorne** [vɔ́ʁnə]
副 前に、手前に（= vorn）（⇔ **hinten** 副 後ろに）

■ **Eingang** [áɪngaŋ]
男 入り口（複 Eingänge）
☐ **Ausgang** 男 出口
☐ **Ausfahrt** 女 車の出口、高速道路の出口

■ **Kindergarten** [kíndɐgaʁtən]
男 幼稚園（複 Kindergärten）
☐ **Kindergärtner** 男 **Kindergärtnerin** 女 幼稚園の先生
☐ **Kita**（**Ki**nder**ta**gesstätte）女 保育園

ここに駐車してはいけません。前は幼稚園の入り口です。

59

Ich liebe dich. Liebst du mich nicht mehr?

■ **lieben** [líːbən]
動 [他] 愛している、愛する

■ **dich** [dɪç]
人称代 **du** の４格〈格変化〉1格 du　3格 dir　4格 dich

■ **nicht mehr** [nɪçt méːɐ]
表現 もはや…ない

私はあなたを愛しています。あなたは私をもう愛していないの？

60

Es ist ruhig. Im Wald schlafen die Vögel auf den Bäumen.

■ **ruhig** [ʁúːɪç]
形 静かな、平穏な、静寂な

■ **Wald** [valt]
男 森（複 Wälder）

■ **schlafen***
[ʃláːfən]

動 [自] 眠っている（過去 schlief 過分 geschlafen）

ich	schlafe	wir	schlafen
du	**schläfst**	ihr	schlaft
er/sie/es	**schläft**	sie/Sie	schlafen

■ **Vogel**
[fóːgəl]

男 鳥（複 Vögel）

■ **auf**
[aʊ̯f]

前（3・4格支配）…の上に

aufは位置関係を表す3・4格支配の9個の前置詞のうちの1つ。あるものの上面に接していることを表す。auf dem Bahnhof（駅で）のように習慣的に組み合わせが決まっていたり、動詞の熟語的な表現にもよく用いられる。

■ **Baum**
[baʊ̯m]

男 木、樹木（複 Bäume）

□ **Tannenbaum** 男 モミの木　□ **Lindenbaum** 男 菩提樹

□ **Baumkuchen** 男 バームクーヘン

静かです。森では鳥たちが木の上で眠っています。

▶ 61

Im Zoo leben Tiere aus aller Welt, z.B., Elefanten, Giraffen, Löwen, Kamele und auch Bären.

■ **Zoo**
[tsoː]

男 動物園（複 Zoos）

■ **leben**
[léːbən]

動 [自] 暮らす、生きる、生活する

■ **Tier**
[tiːɐ]

中 動物（複 Tiere）

■ **Welt**
[vɛlt]

女 世界（複 Welten）　aus aller Welt 世界中（から）の

■ **z.B.**
[tsʊm báɪ̯ʃpiːl]

表現 例えば　zum Beispielの略。

□ **Beispiel** 中 例（複 Beispiele）

■ **Elefant** [elefánt]

男 ゾウ（複 Elefanten）

動物の名詞の性は様々である。犬はHund（男性名詞）、ネコはKatze（女性名詞）のようにどちらかの性に代表させ、ペットなどであえて別の性を特定したい場合はHündin 女「雌犬」、Kater 男「雄ネコ」などのように別の単語を使う事もある。性別が意味を持つ家畜の場合、表現も細かく分かれる。鶏はHahn 男「雄鶏」、Henne 女「雌鶏」、牛にはKuh 女「雌牛」、**Rind** 中（雌雄問わず）、Kalb 中「子牛」などの表現がある。

■ **Giraffe** [giʁáfə]

女 キリン（複 Giraffen）

■ **Löwe** [lǿːvə]

男 ライオン（複 Löwen）

■ **Kamel** [kaméːl]

中 ラクダ（複 Kamele）

■ **Bär** [bɛːɐ]

男 クマ（複 Bären）

動物園には世界中の動物が暮らしています。例えばゾウ、キリン、ライオン、ラクダ、そしてクマもです。

62

Zu Weihnachten gehen viele Leute in die Kirche.

■ **Weihnachten** [váɪ̯naxtən]

中 クリスマス（複 Weihnachten）

（普通は無冠詞で使われ、成句では一般的に複数扱いになる）

Frohe Weihnachten! メリークリスマス！

zuには「…に寄せて・際して」という意味で様々な習慣的表現がある。

zu Weihnachten クリスマスに　zu Neujahr 正月に

zu Ostern イースターに　zu Silvester 大晦日に

■ **Leute**
[lɔ́ɪtə]
複 人々

■ **Kirche**
[kíʁçə]
女 教会 (複 Kirchen)

クリスマスには多くの人が教会に行きます。

63

„Schließen Sie bitte die Augen und hören Sie die Musik."

■ **schließen***
[ʃlíːsən]
動 [他] 閉じる (過去 schloss 過分 geschlossen)

■ **Auge**
[áʊgə]
中 目 (複 Augen)

■ **hören**
[hǿːʁən]
動 [他] 聞く

■ **Musik**
[mʊzíːk]
女 音楽

「目を閉じて、そして音楽を聴いてください。」

64

Es ist ein Uhr nachts. Trotz des Regens ist der Mond hell. Ein Wagen hält plötzlich hinter dem Gebäude und eine junge Frau steigt aus.

■ **Uhr**
[uːɐ]
女 (数詞とともに用いて) …時
《「…時」という場合、日常表現では Uhr は省略され、Es ist eins のように表すこともある。Uhr がなければ s をつけて eins になる。》

■ **nachts**
[naxts]
副 夜の (1 日の時間帯の表現➡ **Nr.85**)

■ **trotz** [tʁɔts]

前 (2格支配)…にもかかわらず

trotz der Krankheit 病気にもかかわらず

trotz des schlechten Wetters 悪天候にもかかわらず

■ **Regen** [ʁéːgən]

男 雨

■ **Mond** [móːnt]

男 月

□ **Sonne** **女** **太陽** □ **Erde** **女** **地球**

■ **hell** [hɛl]

形 明るい (⇔ **dunkel** **形** 暗い)

■ **Wagen** [váːgən]

男 車 (**複** Wagen)

■ **halten*** [háltən]

動 [自] 止まる (過去 hielt 過分 gehalten)

■ **plötzlich** [plœ́tslɪç]

形 突然

■ **hinter** [hɪ́ntɐ]

前 (3・4格支配)…の後ろに、背後に

> hinterは位置関係を表す3・4格支配の9個の前置詞のうちの1つ。あるものの背後にあることを表す。

■ **Gebäude** [gəbɔ́ɪdə]

中 建物 (**複** Gebäude)

■ **jung** [jʊŋ]

形 若い (比較変化➡**Nr.26**)

(⇔ **alt** **形** 年とった)

■ **Frau** [fʁaʊ]

女 女性 (**複** Frauen)

(⇔ **Mann** **男** 男性)

■ **aus|steigen*** [áʊsʃtaɪgən]

動 [自] (乗り物から) **降りる**

(過去 stieg ... aus 過分 ausgestiegen)

(⇔ **ein|steigen** **動** [自] (乗り物) に乗る)

> **aus** + 3格 aus | steigen …から降りる
>
> Ich steige aus dem Bus aus. 私はバスから降りる。
>
> **in** + 4格 ein | steigen …に乗る
>
> Ich steige in den Bus ein. 私はバスに乗る。

夜中の1時。雨にもかかわらず、月が明るい。1台の車が急に建物の裏側に止まり、1人の若い女性が降りてくる。

65

Herr Meier schaltet die Lampe über dem Regal ein. Trotzdem ist es im Keller noch dunkel.

■ **Herr** [hɛɐ]
男 (男性に対して) …さん
＊特殊な変化をするので要注意。

	単	複
1	Herr	Herr**en**
2	Herr**n**	Herr**en**
3	Herr**n**	Herr**en**
4	Herr**n**	Herr**en**

□ **Frau** 女 (女性に対して) …さん

■ **ein|schalten** [áɪnʃaltən]
動 [他] スイッチを入れる
〈変化〉du schaltest ... ein　er/sie/es schaltet ... ein
(⇔ **aus|schalten** 動 [他] スイッチを切る)

■ **dunkel** [dʊ́ŋkəl]
形 暗い
(⇔ **hell** 形 明るい)

■ **Lampe** [lámpə]
女 明かり、照明器具、電気スタンド (複 Lampen)
□ **Tischlampe** 女 卓上電気スタンド

■ **über** [ý:bɐ]
前 (3・4格支配) …の上の

über は位置関係を表す3·4格支配の9個の前置詞のうちの1つ。あるものの上にあること(2つは接していない)を表す。die Lampe über dem Regal は棚の上方から照らす照明具のこと。棚と照明具は接していない。die Lampe auf dem Regal ならば棚の上に置いてある (接している) 照明器具の意味。

■ **Regal** [ʁəgáːl]
中 棚（複 Regale）
□ **Schrank** 男 タンス　□ **Tisch** 男 机　□ **Stuhl** 男 イス
□ **Sofa** 中 ソファ　□ **Möbel** 中（普通は 複 **Möbel**）家具
□ **Spiegel** 男 鏡

■ **trotzdem** [tʁɔ́tsdeːm]
副 にもかかわらず

■ **Keller** [kɛ́lɐ]
男 地下室（複 Keller）

ドイツの建物には、ほとんどの場合、地下室がある。飲食物を貯蔵しておく他、洗濯物を外に干す習慣のないドイツでは、洗濯物を干す場所としても利用される。

マイヤーさんは棚の上の明かりのスイッチを入れます。それでもまだ地下室は暗いです。

▶ 66

Das Wetter ist schön. Die Kinder spielen im Garten mit dem Ball.

■ **Wetter** [vɛ́tɐ]
中 天気

■ **schön** [ʃøːn]
形（天気が）**よい**、**美しい**、きれいな
（⇔ **schlecht** 形 悪い）

■ **Kind** [kɪnt]
中 子ども（複 Kinder）

■ **spielen** [ʃpíːlən]
動［自］**遊ぶ**（（スポーツや楽器などを）する➡**Nr.6**）

■ **Garten** [gáʁtən]
男 庭（複 Gärten）
□ **Kindergarten** 男 幼稚園
□ **Biergarten** 男 ビアガーデン

■ **Ball** [bal]
男 ボール（複 Bälle）

天気がいいです。子どもたちが、庭でボールで遊んでいます。

67

Am Sonntag sind alle Geschäfte geschlossen. Die Straßen sind leer und es ist sehr still.

- **Geschäft** [gəʃɛ́ft] | 中 店、商店 (複 Geschäfte)
- **geschlossen** [gəʃlɔ́sən] | 形 閉まっている、閉店した、鍵のかかった
  (⇔ **geöffnet** 形 開いている、開店した、鍵のあいている)

> 会話ではgeschlossenの代わりにzuも使われる。
> Die Bibliothek ist heute zu.
> 図書館は今日は閉まっています。
> 開いているはgeöffnetか、会話ではaufも。
> Das Restaurant ist noch auf.
> このレストランはまだ開いています。

- **Straße** [ʃtʁáːsə] | 女 道路、道 (複 Straßen)
- **leer** [leːɐ] | 形 空っぽの、なにも入っていない
- **still** [ʃtɪl] | 形 静かな
  □ **laut** 形 うるさい　□ **leise** 形 (音量や声が) 小さい

日曜日は、すべての店が閉まっています。道は人通りがなく、大変静かです。

68

Seine jüngere Schwester wohnt in der Nähe von ihm. Sie ruft ihn oft an.

jünger [jÝŋɐ]

形 jung の比較級。jüngere の e は付加語語尾。

> ドイツ語では兄と弟、姉と妹を区別しないでいう場合が多いが、あえて区別する場合は jung や alt の比較級を用いる。形容詞は格変化するので注意。
> jüngere Schwester 妹 / ältere Schwester 姉
> jüngerer Bruder 弟 / älterer Bruder 兄

Schwester [ʃvɛ́stɐ]

女 姉、妹（複 Schwestern）
（⇔ **Bruder** 男（複 Brüder）兄、弟）

Nähe [nɛ́ːə]

女 近く、近距離
in der Nähe von + 3格　3格の近くに
hier in der Nähe この近くに

ihm [iːm]

人称代 er の3格　〈格変化〉1格 er　3格 ihm　4格 ihn

an|rufen* [anʁúːfən]

動 [他] 4格に電話する（過去 rief ... an　過分 angerufen）
《telefonieren「電話で話す」（➡ **Nr.141**）との使い方の違いに注意。anrufen は電話をかけるだけで相手と会話することまで含まれないが、telefonieren は電話で話すことまで含む。》

彼の妹は彼の近くに住んでいます。彼女はよく彼に電話をかけます。

69

Seine Lippen sind blass und er sagt kein Wort. Ich lege meine Hand auf seine Schulter.

Lippe [lípə]

女（普通複数で）唇（複 Lippen）
□ **Lippenstift** 男（スティック状の）口紅

◇顔の部位◇

□ **Nase** 女 鼻

□ **Ohr** 中 (複 Ohren) 耳

□ **Wimper** 女 (複 Wimpern) まつげ

□ **Augenbraue** 女 (複 Augenbrauen) 眉毛

□ **Mund** 男 口 □ **Gesicht** 中 顔

□ **Kinn** 中 あご □ **Stirn** 女 額

□ **Backe** 女 (複 Backen) 頬 □ **Zahn** 男 (複 Zähne) 歯

□ **Bart** 男 ひげ

blass
[blas]

形 青ざめた、色を失った

sagen
[záːgən]

動 [他] 言う

Wort
[vɔʁt]

中 語、単語 (複 Wörter)

legen
[léːgən]

動 [他] 置く、(立っている物を) 横にして置く
(⇔ **stellen** 動 [他] 置く、横になっている物を立てる)

> 方向関係の表現は、慣れるまでどのように表現したらよいかわからない事が多い。使えそうな表現に出合ったらメモしておくとよい。以下はドイツの町で見かけたコピー機の使い方についての説明から引用。
>
> Legen Sie das Original-Dokument mit der zu kopierenden Seite nach unten auf den Drucker.
>
> 原稿をコピーする面を下にしてコピー機の上に置いてください。
>
> *mit der zu kopierenden Seite nach unten コピーする面を下にして
>
> 構文的には結構複雑だが、こうした表現はこのまま覚えておけば、必要に応じて単語を入れ替えて使う事もできる。

Hand
[hant]

女 手 (複 Hände)
《Hand は通常手首から先を指す。手首から肩にかけては **Arm** 男 腕》(身体の名称➡**Nr.48**)

■ **auf** [au̯f]
前 (3・4格支配) …の上に

■ **Schulter** [ʃʊ́ltɐ]
女 肩 (複 Schultern)

> 彼の唇は青ざめていて、ひと言も話さない。私は彼の肩に私の手を置く。

▶ 70

> In Japan regnet es im Juni und Juli sehr viel. Während der Regenzeit ist es oft schwül.

■ **Japan** [jáːpan]
中 日本
《地名はほとんどが中性名詞で、無冠詞で用いられる。冠詞付きの地名➡**Nr.36**》

◇**国名**◇

□ **China** 中 中国	□ **Dänemark** 中 デンマーク
□ **Deutschland** 中 ドイツ	□ **Frankreich** 中 フランス
□ **Italien** 中 イタリア	□ **Korea** 中 韓国
□ **Österreich** 中 オーストリア	□ **Russland** 中 ロシア
□ **Spanien** 中 スペイン	□ **Griechenland** 中 ギリシャ

■ **regnen** [ʁéːgnən]
動 [自]《非人称の es を主語として》
Es regnet. 雨が降る。Es schneit. 雪が降る。

■ **Juni** [júːnɪ]
男 6月

■ **Juli** [júːlɪ]
男 7月 (月の名前 ➡ **Nr.26**)

■ **während** [vɛ́ːʁənt]
前 (2格支配) …の間
während der Ferien 休みの間中
während des Semesters 学期中

■ **Regenzeit** [ʁéːgənzai̯t]
女 雨季、雨の時期

■ **oft** [ɔft]
副 しばしば、よく
□ **immer** 副 いつも　□ **manchmal** 副 時々
□ **selten** 副 めったに…ない　□ **nie** 副 決して…ない

■ **schwül** [ʃvyːl]
形 蒸し暑い
□ **trocken** 形 乾燥した　□ **nass** 形 湿った、湿気のある

日本では6月と7月にとてもたくさんの雨が降ります。雨の季節は蒸し暑いことが多いです。

71

In der Nacht denkt der Mann allein in der Wohnung an seine Familie.

■ **Nacht** [naxt]
女 夜、深夜（複 Nächte）

■ **denken*** [dɛ́ŋkən]
動 ［自］考える（過去 dachte　過分 gedacht）
an + 4格 + denken　4格のことを考える

■ **Mann** [man]
男 男性（複 Männer）（⇔ **Frau** 女 女性（複 Frauen））

■ **allein** [alaɪn]
形 1人の、自分たちだけの

■ **Wohnung** [vóːnʊŋ]
女 家、アパートなど集合住宅の1室（複 Wohnungen）
《集合住宅そのものは **Apartment** 中 または **Apartmenthaus** 中 という。》

■ **Familie** [famíːliə]
女 家族（複 Familien）
《Familie は単数名詞。Familien は家族メンバーの数ではなく、単位としての家族を指す。Das ist meine Familie.「これが私の家族です」》

夜中にその男は家で1人、彼の家族のことを考えている。

72

„Wer kocht heute Abend?"
„Eileen und ich. Wir kochen japanisch und brauchen noch Kartoffeln und Fisch."

wer
[veːɐ]

疑問代 (1格) 誰が

〈格変化〉2格 wessen　3格 wem　4格 wen
Wessen Tasche ist das? このカバンは誰のですか？
Wem schenkst du die Handschuhe?
君はこの手袋を誰に贈るの？
Wen fragst du? 誰に質問しているの？

kochen
[kɔ́xən]

動 [自/他] 料理する、ゆでる

heute
[hɔ́ɪtə]

副 今日
□ **gestern** 副 昨日　□ **morgen** 副 明日
□ **übermorgen** 副 明後日　□ **vorgestern** 副 おととい

Abend
[áːbənt]

男 夕方
□ **Morgen** 男 朝　□ **Mittag** 男 昼　□ **Nacht** 女 夜

特定の日を示す語の後ろでは、1日の時間帯を表す名詞は前置詞なしで続ける。
heute Abend　今日の晩　heute Mittag　今日の昼
gestern Nacht　昨日の夜　gestern Morgen 昨日の朝
morgen Abend 明日の夜 など
＊名詞の Morgen は「朝」、副詞の morgen は「明日」の意味になるので注意。

brauchen
[bʁáʊxən]

動 [他] 必要とする

noch
[nɔx]

副 まだなお…

Kartoffel [kaʁtɔ́fəl]

女 ジャガイモ（複 Kartoffeln）

◇野菜・果物◇

□ **Gemüse** 中 野菜	□ **Kohl** 男 キャベツ
□ **Karotte** 女 ニンジン	□ **Kopfsalat** 男 レタス
□ **Gurke** 女 きゅうり	□ **Paprika** 男 ピーマン
□ **Aubergine** 女 ナス	□ **Knoblauch** 男 ニンニク
□ **Obst** 中 果物	□ **Orange** 女 オレンジ
□ **Apfel** 男 リンゴ	□ **Traube** 女 ぶどう
□ **Tomate** 女 トマト	□ **Banane** 女 バナナ

Fisch [fɪʃ]

男 魚（複 Fische）

□ **Fleisch** 中 肉	□ **Rindfleisch** 中 牛肉
□ **Hühnerfleisch** 中 鶏肉	□ **Lachs** 男 サケ
□ **Hering** 男 ニシン	□ **Sardine** 女 イワシ

料理としての魚は1匹を調理したり食べたりする意味でも不定冠詞はつけず、無冠詞単数形で用いる。ein Fisch だと、生きている魚の意味になる。

「誰が今晩、料理するの？」
「アイリーンと私だよ。私たちは和食を作ることにしていて、まだジャガイモと魚が必要なの。」

73

„Komm schnell an den Tisch. Sonst wird die Suppe kalt.“

schnell [ʃnɛl]

形（速度が）速い
（früh（時間が）早い➡ **Nr.75**）

an den Tisch kommen

表現 食卓につく

sonst [zɔnst]

副 そうでなければ、それ以外では

■ **werden***
[vέʁdən]

動 [自] (s) …になる (過去 wurde 過分 geworden)

ich	werde	wir	werden
du	**wirst**	ihr	werdet
er/sie/es	**wird**	sie/Sie	werden

■ **Suppe**
[zʊ́pə]

女 スープ (複 Suppen)

Ich esse gern Kartoffelsuppe.
私はポテトスープが好きです。

◇**料理**◇

- □ **Wurst** 女 ソーセージ (複 Würste)
- □ **Schinken** 男 ハム (複 Schinken)
- □ **Wiener** Schnitzel 中 仔牛のカツレツ
- □ **Sandwich** 男 / 中 サンドイッチ (複 Sandwiches)
- □ **Pommes** 複 フライドポテト
- □ **Pizza** 女 ピザ (複 Pizzen)
- □ **Spaghetti** 複 スパゲティ
- □ **Döner** 男 ケバブ（Döner Kebab の短縮形）(複 Döner Kebabs)

「早く食卓について！ そうしないとスープが冷めますよ。」

▶ 74

„Hast du Hunger?"
„Nein, ich habe keinen Hunger. Ich habe Durst."

■ **Hunger**
[hʊ́ŋɐ]

男 空腹

Ich habe keinen Hunger. お腹がすいていません。
Ich bin satt. 満腹です。

■ **Durst**
[dʊʁst]

男 のどの渇き

Ich habe keinen Durst. のどは渇いていません。

「お腹が空いている？」
「いいえ、お腹は空いていないよ。のどが渇いているの。」

75

Meine Frau steht immer früh auf und trinkt eine Tasse Kaffee. Sie trinkt Kaffee manchmal mit Milch, aber nie mit Zucker.

Frau [fʁaʊ̯]

女 女の人、(所有冠詞とともに) 妻 (複 Frauen)
(⇔ **Mann** 男)

meine Frau 私の妻 Ihre/deine Frau あなたの／君の妻
seine Frau 彼の妻
「恋人」は所有冠詞 + Freund/Freundin (➡**Nr.20**)

auf|stehen* [áʊ̯fʃtéːən]

動 [自] (s) 起床する、起き上がる、立つ
(過去 stand ... auf 過分 aufgestanden)

auf|stehen は寝床から起き上がる行動を指す。目が覚めるのは auf|wachen。また ins Bett gehen はベッドに行く (就寝する) 行為で、眠っている状態は schlafen。
Ich schlafe lang. 私はたくさん寝ます。
Ich gehe früh ins Bett. 私は早く寝ます。

immer [ímɐ]

副 いつも (頻度の副詞➡**Nr.70**)

früh [fʁyː]

形 (時間が) 早い (⇔ **spät** 形 遅い)

trinken [tʁíŋkən]

動 [他] 飲む (過去 trank 過分 getrunken)

Tasse [tásə]

女 (コーヒーなどの) カップ、杯 (複 Tassen)
eine Kanne Kaffee ポット入りのコーヒー
eine Tasse Kaffee コーヒー1杯

◇**食器類**◇
□ **Gabel** 女 フォーク □ **Messer** 中 ナイフ
□ **Löffel** 男 スプーン □ **Stäbchen** 複 箸
□ **Geschirr** 中 食器 □ **Teller** 男 皿 □ **Glas** 中 グラス
□ **Schüssel** 女 深皿、ボール、どんぶり
《食器類を「洗う」は waschen ではなく spülen を使う。》

■ **Kaffee** [káfə]
男 コーヒー

◇飲み物①◇
□ **Tee** 男 紅茶、お茶　□ **grüner Tee** 男 緑茶
□ **Schwarztee** 男 紅茶
□ **Kamillentee** 男 カモミールティー
□ **Kräutertee** 男 ハーブティー

■ **manchmal** [mánçmaːl]
副 ときどき、たまに、～のことがある

■ **Milch** [milç]
女 牛乳、ミルク

◇飲み物②◇
□ **Kakao** 男 ココア　□ **Cola** 女/中 コーラ
□ **Wein** 男 ワイン　□ **Bier** 中 ビール
□ **Alkohol** 男 アルコール　□ **Wasser** 中 水
（ジュース類➡**Nr.79**）

■ **nie** [niː]
副 決して…ない

■ **mit** [mɪt]
前 （3格支配）…を入れて、…とともに
（⇔ **ohne** 前 （4格支配）…なしで）

■ **Zucker** [tsʊ́kɐ]
男 砂糖

妻はいつも朝早く起きて1杯のコーヒーを飲みます。彼女はコーヒーにミルクを入れることはありますが、砂糖は決して入れません。

76

„Mittags isst er oft in der Mensa."
„In der Mensa? Das Essen dort hat für mich zu viel Salz und Fett."

■ **mittags** [míttaːks]
副 お昼に

essen* [ɛ́ːsən]

動 [自/他] 食べる (過去 aß 過分 gegessen)

ich	esse	wir	essen
du	**isst**	ihr	esst
er/sie/es	**isst**	sie/Sie	essen

oft [ɔft]

副 しばしば、時々 (頻度の表現➡**Nr.70**)

Mensa [mɛ́nza]

女 学食 (複 Mensen)

Essen [ɛ́sən]

中 食事、食事すること

zu viel

表現 多すぎる
《zu + 形容詞はネガティブな価値判断。価値判断を含まない場合は、sehr viel または ganz viel などを用いる。》

Salz [zalts]

中 塩
□ **salzig** 形 塩のきいた、しょっぱい

◇**調味料**◇
□ **Sojasoße** 女 醤油　□ **Öl** 中 油　□ **Pfeffer** 男 コショウ
□ **Essig** 男 酢、ビネガー

Fett [fɛt]

中 脂肪
□ **fettig** 形 油っぽい

「彼はよく昼に学食で食べます。」
「学食？ あそこの食事は、私には塩分と脂肪が多すぎます。」

77

Unsere Tochter ist erst neun Jahre alt, aber macht oft für uns Essen. Sie bleibt auch gerne mit mir in der Küche.

unser [ʊ́nzɐ]

所有冠 私たちの (変化表➡**Nr.43**)

Tochter [tɔ́xtɐ]

女 娘 (複 Töchter)

■ **erst** [eːɐst]
副 ようやく

■ **... Jahre alt** [jáːʁə alt]
表現 …歳

Wie alt bist du? 歳はいくつ？ —Ich bin 12 Jahre alt. 12歳だよ。

■ **machen** [máxən]
動 [他] 作る、する

■ **für** [fyːɐ]
前 (4格支配) …のために

■ **uns** [ʊns]
人称代 wirの3・4格〈格変化〉1格 wir 3格 uns 4格 uns

■ **bleiben*** [bláɪbən]
動 [自] (s) とどまる、滞在する、いる
(過去 blieb 過分 geblieben)《完了の助動詞はseinであることに注意。》

■ **Küche** [kʏ́çə]
女 台所 (複 Küchen)

私たちの娘はまだ9歳になったばかりですが、よく私たちに料理を作ってくれます。彼女は私と一緒に台所にいるのも好きです。

▶ 78

Beim Frühstück liest sie immer Zeitung oder Zeitschriften.

■ **Frühstück** [fʁýːʃtʏk]
中 朝食
□ **beim Frühstück** 朝食のときに
□ **zum Frühstück** 朝食のために、朝食に
Zum Frühstück kaufe ich Obst.
朝食のために果物を買います。

■ **lesen*** [léːzən]
動 [自/他] 読む (過去 las 過分 gelesen)

ich	lese	wir	lesen
du	**liest**	ihr	lest
er/sie/es	**liest**	sie/Sie	lesen

Zeitung [tsáɪtʊŋ]
女 新聞 (複 Zeitungen)
《新聞を全部読みきる、という意味でなければ不定冠詞はつけず、通常は無冠詞で使う。》

Zeitschrift [tsáɪtʃʁɪft]
女 雑誌 (複 Zeitschriften)

朝食のとき、彼女はいつも新聞か雑誌を読んでいる。

79

Das Mädchen kauft im Supermarkt zwei Brote, ein Stück Käse und eine Flasche Saft.

Mädchen [mɛ́ːtçən]
中 少女、女の子 (複 Mädchen)

kaufen [káʊfən]
動 [他] 買う (⇔ **verkaufen** 動 [他] 売る)
□ **einkaufen gehen** ショッピングに行く

Supermarkt [zúːpɐmaʁkt]
男 スーパーマーケット

Brot [bʁot]
中 パン (複 Brote)

◇**パン・菓子類**◇
□ **Brötchen** 中 (複 Brötchen) 丸い小型パン
□ **Brezel** 女 (複 Brezeln) ブレッツェル
□ **Kuchen** 男 (複 Kuchen) ケーキ
□ **Gebäck** 中 焼き菓子 (クッキー、パイ) などの総称
□ **Schokolade** 女 チョコレート
□ **Honig** 男 はちみつ
□ **Keks** 男 (複 Kekse) クッキー、ビスケット
□ **Sahne** 女 生クリーム
□ **Eisbecher** 男 アイスクリームサンデー、パフェ

Stück [ʃtʏk]
中 ひと切れ、(果物・野菜などの) 個 (複 Stücke)

Käse [kɛ́ːzə]
男 チーズ

Flasche
[fláʃə]

女 瓶（複 Flaschen）

□ **Dose** 女（トマトやサーディンなどの）缶
□ **Packung** 女（コーヒー粉などの）1箱、パック
□ **Tafel** 女（板チョコの）板
□ **Kugel** 男（アイスクリームなどの）玉
□ **Becher** 男（ガラスまたはプラスティックの）コップ、容器

（食べ物の数え方➡**Nr.81**）

Saft
[zaft]

男 ジュース

□ **Orangen-/Apfel-/Tomaten-/Traubensaft** 男 オレンジ／リンゴ／トマト／グレープジュース（飲み物➡**Nr.75**）

その女の子はスーパーでパン2つとチーズを1つ、ジュースを1本買います。

80

„Kennt ihr das Bio-Restaurant am Rathaus? Es ist ganz modern und da schmeckt alles gut."

kennen*
[kɛ́nən]

動 [他] **知っている**、名前を知っている、知り合いである
（過去 kannte 過分 gekannt）

bio ...
[biːo]

（名詞、形容詞などにつけて）**自然食の**、有機の

Restaurant
[ʁɛstoʁɑ́ŋ]

中 レストラン（複 Restaurants）

□ **Mensa** 女 学食
□ **Kneipe** 女 居酒屋、飲み屋
□ **Café** 中 カフェ

日本料理、イタリア料理などのレストランは、japanisches/italienisches Restaurant（日本の／イタリアのレストラン）と形容詞で表現することもあるが、日常会話では、Japaner や Italiener のように人を指すのと同じ表現が用いられることが多い。

Heute essen wir beim Japaner.
今日は私たちは日本料理レストランで食べます。

□ **Reis** 男 米、ご飯、稲　Reis kochen ご飯を炊く
□ **Miso-Suppe** 女 味噌汁
□ **Sushi** 中 寿司（にぎり寿司の数を数える単位にはStückを使う。➡**Nr.81**）
□ **Tofu** 男 豆腐

an [an]
前（3・4格支配）…の際に、…に接して
《am は an dem の融合形》

Rathaus [ʁáːthaʊ̯s]
中 市役所

ganz [ganz]
副 完全に、まったく、とても

modern [modɛ́ʁn]
形 今風の、はやりの　（⇔ **altmodisch** 形 時代遅れの）

da [daː]
副 そこで、あそこで（文脈によって示された場所や状況）

schmecken [ʃmɛ́kən]
動［自］（物[1] は（人[3] にとって））…味がする
《gut をともなって「おいしい」の意味を表すが、gut がない場合も肯定の意味になる。》
Die Suppe schmeckt mir (gut), aber ihm leider nicht.
このスープはわたしにはおいしいですが、残念ながら彼の口には合いません。

alles [áləs]
不定代（名詞的に用いて）すべて、全部
（自己紹介などの後で）
Das ist alles. 以上です。

「市庁舎のところにある自然食レストランを知っていますか？ とても今風のお店で、そこはなにを食べてもおいしいです。」

81

Eine Dame bestellt ein Eis und ein Glas Wasser und dann bezahlt sie gleich am Tisch.

■ **Dame** [dáːmə]

女 女性、ご婦人（複 Damen）

（⇔ **Herr** 男 男性、紳士）

（演説などのよびかけで）Meine Damen und Herren!
　お集まりの皆様！

■ **bestellen** [bəʃtɛ́lən]

動［他］注文する

■ **Eis** [aɪs]

中 アイスクリーム

■ **Glas** [glaːs]

中 グラス、コップ

（複 Gläser：単位の場合は複数でも無変化 Glas）

> Glas（ガラスのコップ）は不可算名詞を数える単位としても用いられ、その場合は複数になっても形は変わらない。
>
> | | |
> |---|---|
> | zwei Gläser | 2つのグラス |
> | zwei Glas Wasser | 2杯の水 |
>
> ケーキなどのひと切れを表す **Stück** 中 も同様。
>
> | | |
> |---|---|
> | zwei Stücke | 2切れ |
> | zwei Stück Kuchen | 2切れのケーキ |
>
> 他にも容器を単位として数えるものは多いが一般には2つ以上なら容器も通常複数形になる。
>
> | | |
> |---|---|
> | zwei Packungen Jogurt | 2パックのヨーグルト |
> | zwei Dosen Tomaten | 2つのトマト缶 |
> | zwei Tassen Tee | 2杯のお茶 |

■ **Wasser** [vásɐ]

中 水

□ **Mineralwasser** 中 ミネラルウォーター

□ **Leitungswasser** 中 水道水

□ **Getränk** 中 飲み物（複 Getränke）（飲み物➡**Nr.75**）

> ドイツの店では水が無料で出てくることはまずない。水はほとんどが炭酸入りで、炭酸なしの水が欲しい場合はあら

かじめ確認した方がよい。
炭酸はGasまたはKohlensäureという。
Wasser mit/ohne Kohlensäure
炭酸入りの／なしの水
ジュースも炭酸入りのものが好まれる。家庭ではリンゴジュースと炭酸水をケース買いしてストックし、割って飲む人が多い。

Apfelsaft	リンゴジュース
Apfelsaftschorle	リンゴサイダー

bezahlen
[bətsáːlən]

動 [他] **支払う**
《他動詞だが、このような場合には習慣的に目的語をとらないことがある。》

会計のために店員をよぶときは、„Zahlen bitte!“または„Ich möchte bezahlen.“という。zahlenとbezahlenは多くの場合、置き換え可能だが、基本的にはzahlenは「お金を支払う」という意味で金額、またはその単語自体がお金を含意しているような単語とともに使う場合が多く、一方bezahlenはなにかに対して「対価を払う」という意味で用いられ、物や人が目的語になる場合が多い。
Ich zahle 30 Euro/die Miete.
私は30ユーロ／家賃を支払う。
Ich bezahle das Essen/das Taxi.
私は食事代／タクシー代を支払う。

gleich
[glaɪ̯ç]

副 **すぐに**、同じく、同様に

am Tisch
[am tɪʃ]

表現 **テーブルで**

ドイツは通常、会計はテーブルで行う。テーブルごとに担当の店員が決まっていて、同じ人が注文から会計まで行う。サービスに応じてチップもその人に支払う。
□ **Rechnung** 女 請求書、勘定書
□ **Quittung** 女 領収書、レシート
□ **Kassenbon** 男 （スーパーのレジなどの）レシート

１人の婦人がアイスクリームと水を注文し、それからすぐにテーブルで支払う。

82

„Ich stelle den Wein in den Schrank."

■ **stellen** [ʃtɛ́lən]
動 [他] 立てる、(立てて) 入れる・置く
(⇔ **legen** 動 [他] 横にする (横にして) 入れる・置く)

■ **Wein** [vaɪ̯n]
男 ワイン
□ **Rotwein** 男 赤ワイン　□ **Weißwein** 男 白ワイン
□ **trocken** 形 辛口の　□ **süß** 形 甘口の

■ **Schrank** [ʃʁaŋk]
男 たんす、キャビネット (複 Schränke)

Schrank は扉や引き出しのついた箱形の収納庫の総称である。用途に応じて Geschirrschrank「食器棚 (扉引き出し付きの)」、Kühlschrank「冷蔵庫」などの合成語を作る。一方 **Regal** 中は一般には板を渡して上に物を置くだけのものを指す。Bücherregal「本棚」は本を置く板状の棚で、Bücherschrank「本箱・書架」は扉付きの箱型の家具である。

「私はワインをキャビネットに入れます。」

83

Mari ist Japanerin und seit April ist sie unsere Nachbarin. Sie lädt uns für morgen zum Tee ein.

■ **Japanerin** [japáːnəʁɪn]
女 (女の) 日本人 (複 Japanerinnen)
《職業、身分、国籍などをいう場合、冠詞はつけない。》
□ **Japaner** 男 (男の) 日本人 (複 Japaner)

■ **seit** [zaɪ̯t]
前 (３格支配) …以来

Nachbarin [náxbaːʁɪn]
女 隣の女性、（女の）隣人（複 Nachbarinnen）
□ **Nachbar** 男 隣の男性、（男の）隣人）（複 Nachbarn）

ein|laden* [áɪ̯nlaːdən]
動 [他] 招待する、ごちそうする
（過去 lud ... ein 過分 eingeladen）
〈変化〉du lädst ... ein er/sie/es lädt ... ein

> パーティーなどの大きなイベントでなくても、コーヒーや、入場券などを相手の分も支払うときなどにも、よく用いられる。
> Heute lade ich dich ein.
> 今日はぼくが君の分を払うよ。

morgen [mɔ́ʁgən]
副 明日（➡morgens 毎朝 **Nr.85**）
《für morgen は、「明日のお茶」に招待することを意味する。morgen だけだと、「明日」が動詞を修飾し、「明日招待すると」いうことになる。》

> für＋時間表現は、ある行為をその期間に継続して行う意思・予定などを表す。
> Ich fahre für eine Woche nach Wien.
> 私は１週間の予定でウィーンに行きます。
> 単に事態が継続する期間を述べる場合は一般的には副詞的４格を用いる。（副詞的４格➡**Nr.22**）
> Ich bleibe eine Woche in Wien.
> 私は１週間ウィーンにいます。

Tee [teː]
男 お茶
Zum Tee. お茶に。

マリは日本人で、４月以来、私たちの隣人です。彼女は明日、私たちをお茶に招待してくれます。

84

Ich möchte den Termin ändern. Könnten Sie mir bitte sagen, ob Sie im April noch Termine frei haben?

Termin [tɛʁmíːn]

男 期日、(面会、診療などの) **予定・約束** (複 Termine)

ändern [ɛ́ndɐn]

動 [他] **変更する**、変える

könnten [kœ́ntən]

助動 **können の接続法 II 式**(婉曲な依頼)

〈文法コラム〉 接続法 II 式①

接続法 II 式の非現実の意味が転じて、丁寧な依頼の場合に用いられる。Könnten Sie mir bitte sagen ...? は慣用的な言い回しで、その後に間接疑問文が続く。

Könnten Sie mir bitte sagen, wann Frau Bauer zurückkommt?

バウアーさんがいつお戻りか、教えていただけませんか。

願望を述べるのに一般的に使われる möchte も元々は話法の助動詞 mögen の接続法 II 式。

Ich möchte gern einen Kaffee.

コーヒーをいただきたいのですが。

その他 haben の接続法 II 式 hätte も、店などで日常的によく使われる。

Ich hätte gern 1 Kilo Trauben.

ぶどうを 1 キロください。

私は予約を変更したいのですが。そちらに 4 月にまだ予約の空きがあるか教えていただけますか？

85

Ich habe morgens keine Zeit. Deshalb frühstücke ich nur selten.

morgens [mɔ́ʁgəns]
副 毎朝、朝に
□ **vormittags** 副 午前に　□ **mittags** 副 昼に
□ **nachmittags** 副 午後に　□ **abends** 副 夕方に、晩に
□ **nachts** 副 夜に、深夜に

Zeit [tsaɪt]
女 時間

deshalb [dɛ́shálp]
副 だから、従って

frühstücken [fʁýːʃtʏkən]
動 [自] 朝食を食べる (**Frühstück** 中 朝食 ➡**Nr.78**)
《frühstücken は他動詞として目的語をとることもできるが、例えば「朝食にパンを食べる」などという場合は、名詞 Frühstück「朝食」を用いて Zum Frühstück esse ich Brot. という方が一般的。》

selten [zɛ́ltən]
副 めったに…ない
nur selten めったに…ない
(頻度の副詞➡**Nr.70**)

私は朝は時間がありません。だから私はめったに朝食を食べません。

86

Sie steigen an der nächsten Haltestelle in die Straßenbahn Nr.7 um.

um|steigen* [ʊ́mʃtaɪgən]
動 [自] (s) (ある乗り物に) **乗り換える**
(過去 stieg ... um　過分 umgestiegen)

nächst- [nɛçst]
形 (nah「近い」の最上級) **次の、もっとも近い**
Nächste Woche / Nächsten Monat habe ich Zeit.
来週／来月なら時間があります。

Haltestelle [háltəʃtɛlə]
女 （バスや路面電車の）停留所

Straßenbahn [ʃtʁáːsənbaːn]
女 路面電車（複 Straßenbahnen）
《ドイツでは路面電車を多く見かける。停留所も乗車券もたいていはバスと同じである。乗車券について➡**Nr.93**》

あなたは次のバス停で、7番の路面電車に乗り換えます。

87

„Hast du einen Stadtplan? Ich zeige dir den Weg zur Bank."

Stadtplan [ʃtátplaːn]
男 市街図、（市内の）地図（複 Stadtpläne）
□ **Plan** 男 計画　□ **Landkarte** 女 （国内の）地図
□ **Weltkarte** 女 世界地図

zeigen [tsáɪgən]
動 ［他］〈人³に物・事⁴を〉**見せる**、示す、案内する

dir [diːɐ]
人称代 〈格変化〉1格 du　3格 dir　4格 dich

Weg [veːk]
男 **道**、道のり、経路、行き方（複 Wege）

zu [tsuː]
前 （3格支配）…へ
《zur は zu der の融合形》

Bank [baŋk]
女 銀行（複 Banken）

「君は市街地図を持っている？ 銀行までの道を教えるよ。」

88

Das Flugzeug aus Berlin kommt um 21.20 Uhr am Flughafen in London an.

Flugzeug [flúːktsɔɪk]	中 飛行機（複 Flugzeuge）（乗り物➡ **Nr.20**）
an|kommen* [ánkɔmən]	動［自］(s) 到着する（過去 kam ... an 過分 angekommen）
	in ＋ 3格　3格に到着する （↔ **ab|fahren** 動［自］出発する） □ **Ankunft** 男 到着　□ **Abfahrt** 男 出発
in [ɪn]	前（3・4格支配）…（の中）に
Berlin [bɛʁlíːn]	中 ベルリン
Flughafen [flúːkhafən]	男 飛行場（複 Flughäfen）

ベルリン発の飛行機は21時20分にロンドンの飛行場に到着します。

89

„Wie kann ich zum Hotel Kaiserhof kommen?"
„Es liegt in der Bremerstraße. Nehmen Sie den Bus bis zum Marktplatz. Das Hotel finden Sie gleich davor."

kommen [kɔ́mən]	動［自］(s) 来る（過去 kam 過分 gekommen）

〈文法コラム〉 **kommen と gehen**

ドイツ語では、道を尋ねる時に「行く」をgehenではなくkommenで表す。そもそもgehenとkommenは必ずしも日本語の「行く」と「来る」に対応せず、誤用が起こりがちである。習慣的な面もあるが、原則的には聞き手の方、あるいは聞き手の視点のある方に向かう場合はkommenが使われる。

Ich komme zu Ihnen. あなたのところに行きます。
例えば、日本語で相手に呼ばれて「今行きます！」という場合、ドイツ語ならIch komme gleich!となる。
また聞き手のいる場所や視点のある場所から去る場合はgehenが使われる。

Ich muss gehen.

もう（あなたと別れて）行かなければなりません。

道を尋ねる場合は、到達点に視点が置かれて、Wie komme ich zur Post?「郵便局へはどう行けばいいですか」となる。

■ **Bremerstraße** [bʁéːmɐʃtʁaːsə]
女 ブレーメン通り
Bremer＋Straße 女 通り＝Bremerstraße

■ **nehmen*** [néːmən]
動 [他]（乗り物などを）**利用する**
（過去 nahm 過分 genommen）

ich	nehme	wir	nehmen
du	**nimmst**	ihr	nehmt
er/sie/es	**nimmt**	sie/Sie	nehmen

■ **Bus** [bʊs]
男 **バス**（複 Busse）

■ **zu** [tsuː]
前 （3格支配）**…へ**
《zumはzu demの融合形》

■ **Marktplatz** [máʁktplats]
男 **中央広場**（市場などが開かれる町の中心地）

■ **Hotel** [hotɛ́l]
中 **ホテル**（複 Hotels）

■ **finden*** [fíndən]
動 [他] **見つける**（過去 fand 過分 gefunden）
〈変化〉du findest er/sie/es findet

■ **gleich** [glaɪ̯ç]
形 **すぐ、同じ**

■ **davor** [dafóːɐ]
副 **その前に**
□ **dahinter** 副 その後ろに □ **daneben** 副 その横に

「カイザーホーフホテルへはどうやって行ったらいいのでしょうか？」
「それはブレーメン通りにあります。バスに乗って、中央広場で降ります。ホテルはそのすぐ目の前ですよ。」

90

„Entschuldigung! Ist der Platz noch frei?"
„Nein, er ist schon besetzt."

- **Platz** [plats] 男 場所、席（複 Plätze）
- **frei** [fʁaɪ̯] 形 あいている、自由な
- **besetzt** [bəzɛ́tst] 形 ふさがっている

「すみません。この席はまだあいていますか？」
「いいえ、この席はもうふさがっています。」

91

„Entschuldigen Sie bitte. Wo ist das Krankenhaus?"
„Gehen Sie hier geradeaus! Da sehen Sie links einen weißen Turm. Das ist das Krankenhaus."

- **entschuldigen** [ɛntʃʊ́ldɪgən] 動［他］許す
  Entschuldigen Sie bitte. ちょっとすみません。
  《人に声をかける一般的表現。Entschuldigung! も同様に用いられるが、こちらは他の人の足を踏んだ、ぶつかったなどの軽い謝罪にも用いられる。》
- **wo** [voː] 疑問副 どこに

■ Krankenhaus [kʁánkənhaʊ̯s]

中 病院（複 Krankenhäuser）

◇建物◇

□ **Post** 女 郵便局　□ **Bahnhof** 男 駅
□ **Flughafen** 男 空港　□ **Hotel** 中 ホテル
□ **Apotheke** 女 薬局　□ **Kaufhaus** 中 デパート
□ **Bank** 女 銀行　□ **Rathaus** 中 市役所
□ **Museum** 中 美術館・博物館
□ **Supermarkt** 男 スーパーマーケット

Krankenhausは大学病院などの大規模総合病院を指す。ドイツでは、風邪やちょっとしたけがなどではまずホームドクターにかかるため、「医者へ行く」という表現がよく用いられる。

Ich gehe heute zum Arzt. 私は今日、医者へ行く。
Er ist gerade beim Arzt.
彼はちょうど医者に行っている。

■ geradeaus [gəʁáːdəaʊ̯s]

副 まっすぐに

■ sehen* [zéːən]

動［他］見える、見る

ich	sehe	wir	sehen
du	**siehst**	ihr	seht
er/sie/es	**sieht**	sie/Sie	sehen

■ links [lɪŋks]

副 左に（⇔ **rechts** 副 右に）

■ weiß [vaɪ̯s]

形 白い（色➡**Nr.42**）

■ Turm [tʊʁm]

男 塔、タワー（複 Türme）

「すみません、病院はどこですか？」
「ここをまっすぐ行ってください。そうすると左側に白い塔が見えます。それが病院です。」

92

„Ich hole euch vom Bahnhof ab. Dann gehen wir zusammen ins Theater.“

ab|holen [ápho:lən]
動 [他]〈人⁴を von 場所³に〉**迎えに行く**、迎えに来る

「駅へ迎えに行く」、などの相手を迎えに行く先はvonで示す。または「自宅へ迎えに行く」という場合は、〈人⁴＋von zu Hause〉の他、「自宅にいる人を」という意味でvonなしの〈人⁴＋zu Hause〉も可能。
Ich hole dich (von) zu Hause ab.
君を家に迎えに行くよ。

euch [ɔɪç]
人称代 ihrの3・4格
〈格変化〉1格 ihr　3格 euch　4格 euch

von [fɔn]
前（3格支配）…から
《vomはvon demの融合形》

Bahnhof [bá:nho:f]
男（鉄道）駅（複 Bahnhöfe）
□ **Busbahnhof** バスターミナル

dann [dan]
副 それから

zusammen [tsuzámən]
副 一緒に

Theater [teá:tɐ]
中 劇場（複 Theater）
□ **ins Theater gehen** 劇場に行く、芝居を観に行く

「君たちを駅に迎えに行くよ。それから一緒に劇を観に行こう。」

93

„Steigen Sie bitte schnell in den Zug ein! Er fährt bald ab.“
„Oh nein, ich habe noch keine Fahrkarte!“

ein|steigen* [áɪnʃtaɪɡən]
動 [自] (s) (〈in + 乗り物⁴〉 乗り物に) (電車に) 乗る、乗り込む (過去 stieg ... ein 過分 eingestiegen)

schnell [ʃnɛl]
形 速く、急いで

Zug [tsuːk]
男 電車 (複 Züge)

ab|fahren* [ábfaːʁən]
動 [自] (s) 出発する

ich	fahre ... ab	wir	fahren ... ab
du	**fährst ... ab**	ihr	fahrt ... ab
er/sie/es	**fährt ... ab**	sie/Sie	fahren ... ab

Der Zug fährt von Gleis 11 ab.
電車は11番線から出発する。
Der Zug kommt auf Gleis 2 an.
電車は2番線に到着する。
□ **Gleis** 中 番線、レール

bald [balt]
副 まもなく、すぐに

noch [nɔx]
副 まだ、なお
[否定の言葉とともに] まだ…ない

Fahrkarte [fáːʁkaʁtə]
女 電車の切符 (複 Fahrkarten)
□ **Flugticket** 中 航空券
□ **Busfahrkarte** 女 バスの切符
eine Fahrkarte lösen 切符を買う
eine Fahrkarte entwerten
切符にスタンプを押す・パンチを入れる

ドイツのバスや路面電車、市電のチケットは種類が多く、自販機で買う場合は旅行者には困難なことが多い。1回券は日本に比べるとかなり割高な感じがするので、何度も乗る場合は、回数券（**Mehrfahrtenkarte** 女）や4枚綴り券

(**Viererkarte** 女)、1日券(**Tages-Ticket** / **Tageskarte** 女)などを買う方が得である。また、町がゾーン(**Zone** 女)に分けられ、そのゾーンごとに値段が決まっていたり、改札後は一定時間乗り換えても乗り放題だったり、地域ごとにいろいろと規約が異なるので上手く使いこなすのはかなり大変。いわゆる日本のような改札がないので電車が来た時にチケットが買えていなくて、飛び乗りたくなることもあるが、抜き打ちのコントロールにあうと無賃乗車は問答無用で高額の罰金をとられるので要注意。

「急いで電車に乗ってください。電車はもうすぐ出発します。」
「えっ、無理ですよ。私はまだ切符を持っていません。」

94

„Bis zum Kaufhaus kannst du zu Fuß gehen. Die Stadt ist nicht so groß. Du läufst nur 10 Minuten."

bis
[bɪs]

前 (4格支配)…まで

〈文法コラム〉 bisの用法
bisは無冠詞名詞、副詞、他の前置詞と一緒に使われることが多く、代名詞や冠詞つき名詞を直接支配することは少ない。

bis heute　今日まで
bis nach Mannheim　マンハイムまで
bis zur Post　郵便局まで
bis April　4月まで
bis Anfang/Ende/Mitte April
　4月のはじめ／終わり／半ばまで
Bis morgen! Bis bald!
　(挨拶として)また明日!また後でね!
bis wann　いつまで
Bis wann ist die Post geöffnet?
　郵便局はいつまで開いているんですか?

zu [tsuː]
[前] (3格支配) …へ
《zumはzu demの融合形》

Kaufhaus [ká͜ʊf ha͜ʊs]
[中] デパート、百貨店 ([複] Kaufhäuser)

Fuß [fuːs]
[男] 足(くるぶしから下) ([複] Füße)
□ **Bein** [中] 足 ([複] Beine)　□ **Arm** [男] 腕 ([複] Arme)

zu Fuß gehen
[表現] 歩いて行く

Stadt [ʃtat]
[女] 町、街 ([複] Städte)

groß [gʁoːs]
[形] 大きい ([比較] größer [最上] größt- / am größten)
(⇔ **klein** [形] 小さい)

laufen* [lá͜ʊfən]
[動] [自] (s) 走る、徒歩で行く ([過去] lief [過分] gelaufen)

ich	laufe	wir	laufen
du	**läufst**	ihr	lauft
er/sie/es	**läuft**	sie/Sie	laufen

Minute [minúːtə]
[女] 分 ([複] Minuten)
□ **Stunde** [女] 時間　□ **Tag** [男] 日　□ **Woche** [女] 週
□ **Jahr** [中] 年

「デパートまでは徒歩で行けるよ。この町はそんなに大きくないからね。歩いてほんの10分だよ。」

95

„Wie gefällt Ihnen dieser Gürtel?" „Der gefällt mir sehr gut."

gefallen* [gəfálən]
[動] [自] [人]^{3}が[物・事]^{1}を気に入る
([過去] gefiel [過分] gefallen)
〈変化〉er/sie/es gefällt
《gefallenは気に入る対象物が1格で、それを気に入る人間が3格で現れる。構造に注意が必要。そもそもgefallenの1格主語に人間がくることはまれで、動詞の人称変化形としては以下に挙げる3人称の単数と複数の形を覚えておけばよいといえる。》

単数名詞^1 + gefällt + 人^3　Die Uhr gefällt mir gut.

複数名詞^1 + gefallen + 人^3　Die Schuhe gefallen mir gut.

〈文法コラム〉 語順⑤
Wie gefällt Ihnen dieser Gürtel?のように人称代名詞（Ihnen）と名詞（dieser Gürtel）が並んだ場合、短い語を前に置くという原則から主語（名詞）より目的語（代名詞）が先になることがある。

Wie gefällt es Ihnen in Japan?
　日本はいかがですか？
場所を気に入ったかどうかたずねる場合はその場所を主語にするのではなく、仮主語のesをたて、場所はin ... とするのが一般的。

Gürtel
[gʏ́ʁtəl]

男 ベルト（複 Gürtel）

□ **Krawatte** 女 ネクタイ（複 Krawatten）

□ **Anzug** 男（上下の）スーツ（複 Anzüge）

「このベルトはいかがですか？」
「これはとても気に入っています。」

96

„Was soll ich mir auf der Party anziehen?"
„Ach egal. Die Party ist ganz locker."

Party
[pá:ʁti]

女 パーティー（複 Partys）

an|ziehen*
[ántsi:ən]

動 [他] 着る、身につける（過去 zog ... an　過分 angezogen）

[再帰]〈*sich*^{3} 4格〉4格 を着る、身につける

Sie zieht sich eine schwarze Jacke an.
　彼女は黒いジャケットを着ている。

[再帰]〈*sich*^{4} 形容詞〉…の服装をする

Ich habe mich warm angezogen.
　私は暖かい服装をしました。

egal
[egá:l]

形（述語として）どうでもよい、重要ではない

egalは「関心がない、どうでもよい」、という意味合いな

ので、誰かになにかを勧められたり、選択を求められた時（Möchten Sie Tee oder Kaffee?「紅茶とコーヒーのどちらにしますか」など）の返事として「どちらでも構いません」という丁寧な意味にはならないので注意。なお、なにかを勧められたら答えを相手に委ねるのではなく、どちらか選ぶのが基本。

■ locker
[lɔ́kɐ]

形 気軽な、堅苦しくない

「パーティーになにを着ていったらいいでしょう？」
「なんだっていいんですよ。ほんとうに気楽なパーティーですから。」

97

„In der ersten Etage gibt es Kleidung: Röcke, Hosen, Hemden, Blusen usw.“
„Und im Erdgeschoss?“
„Im Erdgeschoss haben wir Süßigkeiten: Schokolade, Bonbons, Kekse und und und ...“

■ erst
[éːɐst]

序数 第一の、最初の

〈文法コラム〉 序数

序数は19までは基数にtを、20以上はstをつける。ただし一部、基数と異なるので注意。序数を数字で書く場合はピリオドをつける（in der 1. Etage）。
普通、序数は付加語として用いられ、形容詞の付加語用法と同じ変化をする。（➡付録Ⅲ. 形容詞の格変化）

1 *erst*　2 *zweit*　3 *dritt*　4 viert　5 fünft
6 sechst　7 *siebt*　8 *acht*　9 neunt　10 zehnt
11 elft　12 zwölft　13 dreizehnt
14 vierzehnt　15 fünfzehnt　16 sechzehnt
17 siebzehnt　18 achtzehnt　19 neunzehnt
20 zwanzigst　21 einundzwanzigst

Etage [etáːʒə]
女 階 (複 Etagen)《**Stock** 男 ともいう。》
in der zweiten/dritten Etage
2階／3階に (日本の3階／4階)

es gibt ... [es gíːpt]
表現 物・事[4]がある《es gibt＋4格》

gebenは「与える」という意味だが、熟語的表現によく用いられる。
人[3]＋Bescheid geben　情報を与える、返答する
人[3]＋eine Rat geben　アドバイスする
人[3]＋Unterricht geben 授業をする
In zwei Tagen gebe ich Ihnen Bescheid.
2日以内に回答します。

ich	gebe	wir	geben
du	**gibst**	ihr	gebt
er/sie/es	**gibt**	sie/Sie	geben

Kleidung [kláɪdʊŋ]
女 洋服 (複 Kleidungen)

Rock [ʁɔk]
男 スカート (複 Röcke)

Hose [hóːzə]
女 ズボン (複 Hosen)

Hemd [hɛmt]
中 ワイシャツ、肌着 (複 Hemden)

Bluse [blúːzə]
女 (女性用の) ブラウス (複 Blusen)

usw. [ʊnt zoː váɪtɐ]
表現 などなど　und so weiterの略

Erdgeschoss [éːɐtgəʃɔs]
中 1階、地上階
□ **Untergeschoss** 中 地下階

Süßigkeiten [zýːsɪçkaɪtən]
複 甘いもの、菓子類

Schokolade 女 チョコレート

[ʃokoláːdə]

eine Tafel Schokolade 板チョコ１枚

heiße Schokolade ホットココア

Bonbon 中（男）あめ、キャンディ（複 Bonbons）

[bɔnbɔ́n]

Keks 男 クッキー、ビスケット（複 Kekse）

[keːks]

und und und 表現 などなど 口語的な表現。

「2階には衣類があります。スカート、パンツ、シャツ、ブラウスなどです。」
「1階には？」
「1階はお菓子類です。チョコレートやアメ、クッキーなどです。」

98

„Wie viel kostet der gelbe Hut?"
„Er kostet 120 Euro."
„120 Euro? Das ist zu teuer! Ich habe nicht so viel Geld dabei."

wie viel 表現 どれくらいの（金額、量）

[viː fiːl]

kosten 動［他］（値段、費用などの金額）を要する

[kɔ́stən]

gelb 形 黄色の（色➡**Nr.42**）

[gɛlp]

Hut 男 帽子（複 Hüte）

[huːt]

Euro 男 ユーロ《1ユーロの場合は、Es kostet einen Euro.》

[ɔ́ɪʁo]

zu 副（形容詞を修飾して）…過ぎる（zu＋形容詞 ➡**Nr.26**）

[tsuː]

teuer
[tɔ͜ɪɐ]

形（値段が）高い、高価な
□ **billig** 形 安い
□ **preiswert** 形 手頃な値段の、お買い得な

so viel
[zoː fiːl]

表現 そんなに多くの

Geld
[gɛlt]

中 お金

□ **Kleingeld** 中 小銭　　□ **Bargeld** 中 現金
□ **(Geld)schein** 男 紙幣（複 Scheine）
□ **Münze** 女 硬貨（複 Münzen）
Ich möchte Euro in US-Dollar tauschen.
ユーロを米ドルに替えたいです。
Ich bezahle bar. 現金で払います。
Ich habe kein Kleingeld. 小銭がありません。
□ **reich** 形 金持ちの、豊かな
□ **arm** 形 貧しい、乏しい
Sie kommt aus einer reichen/armen Familie.
彼女は裕福な／貧しい家庭の出だ。

dabei haben

表現 手元に持っている

「その黄色の帽子はいくらですか？」
「120ユーロです。」
「120ユーロ？ それは高すぎます。私は手元にそんなにたくさんお金を持っていません。」

99

„Deutsche Messer haben natürlich eine gute Qualität. Probieren Sie bitte aber einmal ein japanisches Messer. Die sind sehr scharf und stark."

deutsch
[dɔ͜ɪtʃ]

形 ドイツ製の、ドイツの

■ **Messer** [mέsɐ]
中 ナイフ、刃物、包丁（複 Messer）

> Messerはナイフ状のものをすべて含む。料理包丁もあえてKochmesserという場合もあるが、通常はただMesserといわれる。そもそもドイツで料理に使われるのは小型ナイフ程度のものがほとんどで、いわゆる和包丁のような大きなものを使う人はまれである。

■ **Qualität** [kvalitέːt]
女 品質（複 Qualitäten）

■ **probieren** [pʁobíːʁən]
動 ［他］試す

■ **einmal** [áɪ̯nmaːl]
副 1度

■ **japanisch** [japáːnɪʃ]
形 日本製の、日本の

■ **scharf** [ʃaʁf]
形 鋭い、辛い
（比較 schärfer 最上 schärfst- / am schärfsten）

■ **stark** [ʃtaʁk]
形 強い、がっしりした
（比較 stärker 最上 stärkst- / am stärksten）
（⇔ **schwach** 形 弱い）

> 「ドイツのナイフはもちろん高品質です。しかし1度、日本製のナイフも試してみてください。これらはとても鋭くて丈夫ですよ。」

▶ 100

> „Die Schuhe passen mir nicht. Sie sind zu klein. Haben Sie die auch in Größe 38?"

■ **Schuhe** [ʃúːə]
複 靴《普通は複数で》（男 Schuh）

■ **passen** [pásən]
動 ［自］3格 にサイズが合う

klein
[klaɪ̯n]

形 小さい
zu klein 小さすぎる（zu＋形容詞 ➡**Nr.26**）

Größe
[ɡʁøːsə]

女 サイズ、大きさ（複 Größen）

「この靴は私にはサイズが合いません。これは小さすぎます。38のサイズはありますか？」

101

„Die Halskette sieht hübsch aus. Kann ich sie anprobieren?"
„Selbstverständlich."

Halskette
[hálskɛtə]

女 ネックレス（複 Halsketten）
Hals 男 首＋**Kette** 女 鎖、チェーン
□ **Ohrringe** 複 イヤリング、ピアス
□ **Ring** 男 指輪　□ **Ehering** 男 結婚指輪
□ **Schmuck** 男（集合的に総称として）装飾品、飾り

aus|sehen*
[áʊ̯szeːən]

動［自］…のようにみえる
（過去 sah ... aus　過分 ausgesehen）

ich	sehe ... aus	wir	sehen ... aus
du	**siehst ... aus**	ihr	seht ... aus
er/sie/es	**sieht ... aus**	sie/Sie	sehen ... aus

hübsch
[hʏpʃ]

形 可愛い、見かけがよい

似たような表現に süß があるが、こちらは小動物や赤ちゃんなど、小さくて可愛らしい、という意味で用いられ、hübsch は見た目の可愛さ、美しさを意味する。

an|probieren
[ánpʁobiːʁən]

動［他］（靴や洋服などを）試着する、試しに身につける
Ich möchte den Rock anprobieren. Wo ist die Kabine?
　私はこのスカートを試着したいのですが。試着室はどこですか？

selbstverständlich
[zɛ́lpstfɛɐ̯ʃtɛntlɪç]

形 当然の、自明の、わかりきった

「ネックレスがとても可愛いですね。試しにちょっとつけてみていいですか？」
「もちろんです。」

102

„Ich danke Ihnen für die Einladung."

danken
[dáŋkən]

動 [自] 感謝する、お礼を言う
〈人^3 + **für** + 4格〉 人^{3}に…に対して

その他のお礼の表現
Ich bedanke mich bei 人^3 für 物・事^4.
Ich bin dankbar für 物・事^4.
Vielen Dank für 物・事^4.

Einladung
[áɪnladʊŋ]

女 招待（複 Einladungen）

「ご招待ありがとうございます。」

103

Die Kamera scheint nicht zu funktionieren.

- **Kamera** [kámaʁa] — 女 カメラ（複 Kameras）
- **scheinen*** [ʃáɪnən] — 動［自］…のように思われる・みえる《zu 不定詞（句）と》（過去 schien 過分 geschienen）

> 事実を述べる表現を「…のようにみえる」という表現に変えるには、scheinen を定動詞として、元の定動詞を zu 不定句にする。
>
> 例）Sie *ist* glücklich. 彼女は幸せだ。
> Sie scheint glücklich zu *sein*. 彼女は幸せにみえる。
> Es *regnet* bald. まもなく雨が降る。
> Es scheint bald zu *regnen*.
> まもなく雨が降るようにみえる。

- **funktionieren** [fʊnktsioníːʁən] — 動［自］機能する

このカメラは機能していないようにみえます。

104

„Mein Schwiegervater kann am Nachmittag auf unser Baby aufpassen. Hast du Lust, mit mir einkaufen zu gehen?“

- **Schwiegervater** [ʃvíːgɐfaːtɐ] — 男 義理の父、配偶者の父

◇親族名称②◇
- □ **Schwiegereltern** 複 義理の両親
- □ **Schwiegermutter** 女 義理の母
- □ **Schwiegertochter** 女 義理の娘
- □ **Schwiegersohn** 男 義理の息子
- □ **Schwager** 男 義理の兄・弟
- □ **Schwägerin** 女 義理の姉・妹

■ **Baby**
[béːbi]

中 赤ちゃん（複 Babys）

■ **auf|passen**
[áʊ̯fpasən]

動 [自]〈auf + 人・物・事[4]〉 **…に注意を払う**、気を配る
《習慣的に“Pass auf!”の形で「気をつけて！」と人に注意を喚起する表現として用いられる。》

■ **Lust**
[lʊst]

女 **関心、意欲、願望**
Lust zu + 3格/auf + 4格　…に対する願望
《Hast du/Haben Sie Lust ...? は人を誘う場合に一般的によく使われる表現。例文のようにzu不定詞句を用いるか、auf/zu + 名詞 で対象を述べる。または文脈や状況から明らかであれば、Hast du Lust? だけでも可。》

■ **einkaufen gehen**

表現 **買い物に行く**
《ein|kaufenは単独で動詞として用いれば「仕入れる、購入する」という意味。kaufenが一般的になにかを買う場合に広く使われるのに対して、einkaufenは目的語なしで、Ich muss noch einkaufen.「私はまだ買い物をしなければならない」などのような使い方や、gehenと一緒に用いて、「ショッピングに行く」という意味で用いられることが多い。》

「…しに行く」という意味でgehenと一緒によく使われる表現はほかに、essen gehen「食べに行く」、(etwas) trinken gehen「飲みに行く」、tanzen gehen「踊りに行く」などがある。人称変化するのはgehenのみで、この場合のessenなどは文法的には分離動詞の前綴りと同様に扱われる。

Ich gehe essen.	私は食事に行きます。
Gehen wir etwas trinken!	飲みに行こうよ。

〈文法コラム〉 zu不定詞（句）

zu + 不定詞（句）は主語または述語内容語、または動詞の目的語として用いることができる。分離動詞の場合は前綴りと基礎動詞の間にzuが入り、間にスペースは入れない。

1) 名詞的（…すること）

Mein Traum ist, Schauspieler zu werden.
私の夢は俳優になることです。

＊ zu不定詞を主語とした場合、動詞は３人称単数の変化をする。

Schauspieler zu werden ist mein Traum.
俳優になることは私の夢です。

＊形式主語としてesを先行させることもある。

Es ist mein Traum, Schauspieler zu werden.

＊目的語として用いる場合、動詞が特定の前置詞をとる場合はda[r]＋前置詞を先行させる。

Ich freue mich *darauf*, auf Kreta zu fahren.
私はクレタ島に行くことを楽しみにしています。

2) 先行する名詞の内容を挙げる

Ich habe keine Zeit, am Abend fern*zu*sehen.
夜にテレビを見る時間がありません。

「お義父さんが午後、赤ちゃんを見ていてくれるの。よかったら私と一緒に買い物に行かない？」

105

Er räumt schnell seinen Schreibtisch auf und verlässt das Büro.

auf|räumen [áʊ̯fʁɔɪ̯mən]
動 [他] かたづける
《自動詞としても用いられる。
Ich räume im Zimmer auf. 私は部屋をかたづける。》

Schreibtisch [ʃʁáɪ̯ptɪʃ]
男 仕事机（複 Schreibtische）

verlassen* [fɛɐ̯lásən]
動 [他] 去る、出て行く（過去 verließ 過分 verlassen）

ich	verlasse	wir	verlassen
du	**verlässt**	ihr	verlasst
er/sie/es	**verlässt**	sie/Sie	verlassen

Büro
[byʁóː]

中 事務所（複 Büros）

彼は急いで仕事机の上をかたづけて、事務所を出ます。

106

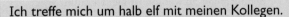

Ich treffe mich um halb elf mit meinen Kollegen.

treffen*
[tʁɛ́fən]

動 [再帰]〈*sich*[4] mit + 人[3]〉人[3]と（約束して）会う
（過去 traff　過分 getroffen）

treffenは「たまたま会う」という意味では他動詞として人を４格でとり、「約束して会う」場合は再帰動詞の形が用いられる。また主語が複数の場合（wir, sie, ihr, Sie）は再帰代名詞とともに「（お互いに）会う」の意味になる。この場合は約束したかどうかは文脈次第だが、約束をする場合の表現としてよく用いられる。（参照➡**Nr.28**）
[再帰]〈*sich*[4] mit 人[3] + treffen〉約束して会う
　Ich habe mich gestern mit ihm im Kino getroffen.
　　私は昨日、彼と映画館で待ち合わせした。
[他動詞]〈人[4] + treffen〉（偶然に）会う
　Ich habe ihn gestern im Kino getroffen.
　　私は昨日、彼とたまたま映画館で会った。
　Treffen wir uns morgen im Kino!
　　明日、映画館で会おう！

「会う」という意味では他にsehenもよく用いられる。
　Wir sehen uns morgen! また明日ね！
　Ich sehe ihn lange nicht.
　　彼にはずいぶん長く会っていない。

Kollege
[kɔléːɡə]

男（男の）同僚（単数1格以外 -n になる）（複 Kollegen）
□ **Kollegin** 女（女の）同僚

	単	複
1	Kollege	Kollegen
2	Kollegen	Kollegen
3	Kollegen	*Kollegen*
4	Kollegen	Kollegen

私は10時半に同僚たちに会うことになっています。

107

„Guten Tag. Ich möchte zu Frau Stange-Schlösser. Ich habe mich mit ihr um 13 Uhr verabredet."
„Bitte, setzen Sie sich aufs Sofa. Sie kommt gleich."

zu
[tsuː]

前 （3格支配）…のところに
zu + 人・物^3 人・物^{3}のところに

意味的にはzu Frau Stange-Schlösser *gehen*となるところだが、zuやnachなど移動先を示す前置詞句があれば移動を表す動詞は省略可能。

Ich muss zur Post.
私は郵便局に行かなければならない。

Ich möchte langsam ins Bett.
私はそろそろ寝たいです。

verabreden
[fɛɐ̯ápʁeːdən]

動 ［再帰］〈*sich*^{4} mit 人^3〉 人^{3}と会う約束をする

〈文法コラム〉 現在完了形

現在完了形はhabenまたはseinと動詞の過去分詞を組み合わせて作る。過去分詞は規則動詞ではge語幹t。

lernen ➡gelernt　machen ➡ gemacht
spielen ➡gespielt　arbeiten ➡ gearbeit*e*t など。

現在形：Sie lernt Deutsch.
彼女はドイツ語を学んでいる。

現在完了形：Sie hat Deutsch gelernt.
彼女はドイツ語を学んでいた。

不規則動詞の過去分詞はその都度、辞書などで確認すること。
過去分詞が文末に置かれることに注意。ほとんどの動詞はhabenを助動詞とする。seinを助動詞とするのは以下の自動詞である。

1) 場所の移動を表すもの：fahren, kommen, gehen, abfahren等。
2) 状態の変化を表すもの：aufwachen, sterben, werden等。
3) その他：sein, bleiben等

seinを助動詞とするのは自動詞のみ（4格目的語をとらない動詞）。日常的に用いるものについては、初級者は上記の原則で覚えるより、数もまだそんなに多くはないので、具体的な動詞を覚えるほうが間違いがないだろう。特にbleibenなどは移動でも状態の変化でもないうえ、完了形で用いられる頻度が高い動詞なので、意識して覚える必要がある。（過去形との使い分け➡**Nr.112**）

setzen [zɛ́tsən]
動 [再帰]〈*sich*⁴〉座る

Sofa [zóːfa]
中 ソファ（複 Sofas）

「こんにちは。シュタンゲ・シュレッサーさんのところに行きたいのですが。私は13時に彼女と会う約束をしています。」
「どうぞこのソファにおかけください。彼女はすぐに参ります。」

▶ 108

> Mein Großvater hat vor sechs Jahren mit der Arbeit aufgehört.
> Seitdem beschäftigt er sich als Rentner mit dem Gemüsegarten.

Arbeit [áʁbaɪ̯t]
女 仕事

auf|hören [áʊ̯fhøːʁən]
動 [自]〈mit + 3格〉3格をやめる

seitdem [zaɪ̯tdéːm]
副 それ以来

als [als]
接 (先行または後続の名詞と同格で) …として、…の立場で

> „als Kind" や „als Student" などは、「子どものとき」、「学生時代」と訳すのが自然。
>
> Als Kind habe ich in London gewohnt.
> 子どもの頃、私はロンドンに住んでいた。
>
> また、比較対象を表す wie「…のように」も同格の名詞を導く。wie は従属の接続詞。
>
> Ich fühle mich wie ein Kind.
> 私は自分が子供であるかのように感じる (実際は子供ではない)。
>
> Deine Hände sind kalt wie Eis.
> 君の手は氷のように冷たい。
>
> Die Schüler, wie Sie, sollen Musik studieren.
> あなたたちのような生徒 (=生徒たち、例えばあなたたちのような) は大学で音楽を専攻するべきだ。

Rentner [ʁɛ́ntnɐ]
男 年金生活者 (複 Rentner)
□ **Rentnerin** 女 (女の) 年金生活者

beschäftigen [bəʃɛ́ftɪɡən]
動 [再帰]〈*sich*^{4} mit + 3格〉3格に従事する、取り組む、…に力を注ぐ

Gemüsegarten [ɡəmýːzəɡaʁtən]
男 菜園

私の祖父は6年前に仕事を辞めました。それ以来、彼は年金生活者で、庭の野菜作りに力を注いでいます。

109

„Meine Mutter lässt Sie grüßen."

lassen*
[lásən]

動 [他] …**させる**、そのままにする、やめる、…するのを認める（過去 ließ 過分 gelassen / lassen（助動詞として用いる場合））

ich	lasse	wir	lassen
du	**lässt**	ihr	lasst
er/sie/es	**lässt**	sie/Sie	lassen

lassen を使った日常表現（du の間柄の場合）

Lass uns gehen. さあ行こうよ。
Lass mich in Ruhe. 私をほっといて。
Lass es dir schmecken. さあ、（美味しく）食べて。

〈文法コラム〉 lassen の使い方

他動詞用法の他、例のように日常的には助動詞的に用いられることが多い。その場合の過去分詞は lassen になる。
助動詞として用いられる場合の構造：

Anna lässt seinen Sohn（4格）ins Kino gehen（不定形）.
　アナは息子に映画に行かせた（行くのを許した）。

アナがさせる行為（ここでは ins Kino gehen）の動作主は4格（ここでは seinen Sohn）で表す。

Ich lasse mir die Haare schneiden（不定形）.
　私は髪の毛を切ります（切らせます）。

意味的に命令なのか許容なのかは、主として文脈や状況による。
本動詞が他動詞の場合（ここでは schneiden）で文脈から動作主が自明の場合、あるいは動作主を特定する必要がない場合は動作主が明示されないことが多い。髪の毛を切るのは美容師だから、あえて言うならば、Ich lasse mir die Haare von einem Friseur schneidenとなる。なお本動詞が他動詞の場合は、動作主は４格よりvon３格の形をとることが多い。
上記例文のgrüßenも他動詞で、Sieはgrüßenの目的語（４格）である。挨拶する動作主は「私」であるから、入れるとすればvon mir、つまりMeine Mutter lässt Sie von mir grüßenになるが、挨拶しているのは目の前の自分であることが明らかなので省略される。ちなみに上記例文は直訳すれば「私の母が（私を）あなたに挨拶をさせています」ということである。

grüßen [gʁýːsən]
動 [他] 挨拶（あいさつ）する、人^{4}に挨拶を伝える

「母がよろしくとのことでした。」

110

Ich ärgere mich immer, wenn die Züge am Morgen Verspätung haben.

ärgern [ɛ́ʁgɐn]
動 [再帰] 〈*sich*^{4} (über + 4格)〉 4格に腹をたてる

再帰表現の他、
Ihre Antwort hat mich sehr ärgert.
「彼女の返事は私をとても怒らせた」＝「彼女の返事に私はとても怒った」という他動詞の表現もよく使われる。

wenn [vɛn]
接続 （従属）もし…なら、（くり返し起こる事柄について）…するといつも（alsとwennの使い分け➡**Nr.135**）

Morgen [mɔ́ʁgən]
男 朝　**am** Morgen 朝に

Verspätung [fɛɐʃpɛ́ːtʊŋ]
女 遅延、遅刻

私は、朝、電車が遅れるといつも腹がたちます。

111

„Ich wünsche Ihnen, dass Sie im Abitur gute Noten bekommen!"

wünschen [vÝnʃən]
動 [他]〈(人3に) 事4を〉…を願う、望む

dass [das]
接続 (従属)(副文を導いて)…ということ
(dass文について➡Nr.114)

Abitur [abitúːɐ]
中 アビトゥア、高校卒業試験

ドイツには大学入試はなく、ギムナージウム(**Gymnasium** 中)の卒業試験にあたるアビトゥアに合格すれば原則としてどこの大学にも入学できる。しかし実質的にはこのアビトゥアの成績によって人気のある大学の学部に学籍がとれるかどうかがかかっている。医学部や心理学部、法学部などで高い点数が求められる。

Note [nóːtə]
女 成績(複 Noten)
《Noteは他に「音符」や、Noten(複数形)で「楽譜」、「銀行紙幣」の意味もある。》

「アビトゥアであなたがいい成績がとれることを願っています。」

112

„Wie war der Test?"
„Ich bin durchgefallen. Eva hat ihn aber bestanden."

war [vaːʁ]
動 [自] seinの過去形

ich	war	wir	waren
du	**warst**	ihr	wart
er/sie/es	**war**	sie/Sie	waren

〈文法コラム〉 過去形と現在完了形

過去形と現在完了形はいずれも過去に起こった事柄を述べるのに用いられる。使い分けの明確な規則はないが、傾向として、日常会話では現在完了形が多く用いられるほか、ドイツ南部では現在完了形がより多く用いられる傾向にある。過去形は主として物語や小説、報道など書き言葉および書き言葉的な表現の中で用いられる。また文法的な観点からは、受動態や話法の助動詞構文や、sein や haben が本動詞として用いられる文でも過去形がよく用いられる。

1) sein の場合

過去形：Ich war im Januar in Frankfurt.

現在完了形：

Ich bin im Januar in Frankfurt gewesen.

私は1月に、フランクフルトにいた。

2) haben の場合

過去形：Sie hatte Kopfschmerzen.

現在完了形：Sie hat Kopfschmerzen gehabt.

彼女は頭が痛かった。

3) 話法の助動詞の場合

過去形：Er musste zur Post gehen.

現在完了形：Er hat zur Post gehen müssen.

彼は郵便局に行かなければならなかった。

4) 受動態の場合

過去形：Das Lied wurde viel gesungen.

現在完了形：Das Lied ist viel gesungen worden.

その歌はよく歌われていた。

□ **Lied** 中 歌、(伝統的な) 歌謡

Test [tɛst]

男 テスト、試験

durch|fallen* [dʊ́ʁçfalən]

動 [自] (s) (〈in/bei 3格〉 …に) **落ちる**、落第する

(過去 fiel ... durch 過分 durchgefallen)

■ **bestehen***
[bəʃtéːən]

動 [他]（試験などに）**合格する**、乗り切る
（過去 bestand　過分 bestanden）

「テストはどうだった？」
「私は落ちてしまいました。しかしエバは合格しました。」

113

Beim Streit zwischen den beiden Gruppen handelt es sich um ein Missverständnis.

■ **Streit**
[ʃtʁaɪ̯t]

男 けんか、争い

■ **beide**
[báɪ̯də]

不定代 両者、両方の（付加語用法の変化は形容詞の付加語用法に準じる）

■ **Gruppe**
[ɡʁʊ́pə]

女 グループ、集団（複 Gruppen）

■ **handeln**
[hándəln]

動 [再帰]（es handelt sich um ... の形で）…**が問題である**

■ **Missverständnis**
[mísfɛɐ̯ʃtɛntnɪs]

中 誤解（複 Missverständnisse）
（⇔ **Verständnis** 中 理解）

この２つのグループのけんかは誤解によるものです。

114

Er hat uns versprochen, bis heute Nachmittag das Fahrrad zu reparieren.

■ **versprechen***
[fɛɐ̯ʃpʁɛ́çən]

動 [他] 約束する（過去 versprach　過分 versprochen）

■ **Nachmittag**
[náːxmɪtaːk]

男 午後　heute Nachmittag 今日の午後
□ **Vormittag** 男 午前
《特定の日を示す語の後では１日の時間帯を表す名詞は前置詞なしで続ける。（時間帯の表現➡**Nr.85**）》

Fahrrad [fáːɐʁaːt] 中 自転車（複 Fahrräder）

reparieren [ʁepaʁíːʁən] 動［他］修理する

〈文法コラム〉 zu 不定詞句と dass 文

zu 不定詞句、dass 文のいずれも「…すること」として名詞的に用いることができる。dass 文と zu 不定詞句で相互に言い換えられることがある。

1）主文と副文の主語が同じ時

zu 不定詞句：

Er hat mir geschrieben, nächste Woche uns zu besuchen.

dass 文：

Er hat mir geschrieben, dass er nächste Woche uns besucht.

彼は、来週私たちを訪ねると、私に書いてきた。

例文の zu 不定詞句は次のような dass 文でも表現できる。

Er hat uns versprochen, dass er bis heute Nachmittag das Fahrrad repariert.

つまり主語が同一であれば、どちらの構文でも表現できる。一方、主文と副文の主語が異なる場合は zu 不定詞句を用いることはできない。

Er hat mir geschrieben, dass seine Tochter nächste Woche uns besucht.

彼は、彼の娘が来週私たちを訪ねると、書いてきた。

2）主文の目的語と副文の主語が同じとき

zu 不定詞句：

Ich empfehle Ihnen, jeden Tag zu joggen.

dass 文：

Ich empfehle Ihnen, dass Sie jeden Tag joggen.

私はあなたに毎日ジョギングすることを勧めます。

（zu 不定詞句の用法➡**Nr.104**）

彼は、今日の午後までにに自転車を修理すると約束しました。

115

Auf dem Markt, der mittwochs stattfindet, werden frisches Obst und Gemüse verkauft.

■ **Markt** [máʁkt]
男 市場（複 Märkte）

■ **mittwochs** [mítvɔxs]
副 水曜日に、毎水曜日に

「水曜日に」という場合、am Mittwoch と mittwochs の2通りの表現ができる。前者は「特定の水曜日」、または「毎水曜日」のどちらにも、後者は「毎水曜日」のような習慣的な場合に用いられる傾向にある。

■ **statt|finden*** [ʃtátfɪndən]
動［自］催される、開かれる
（過去 fand statt 過分 stattgefunden）

■ **werden*** [véːʁdən]
動［自］(s)（過去 wurde 過分 geworden / worden）

〈文法コラム〉 受動態
受動態は〈werden＋過去分詞〉の形で作られる。原則として受動文を作れるのは他動詞（4格目的語をとる動詞）である。ドイツ語では自動詞から受動態が作られることもあるが、それらはいくつかの習慣的な表現にとどまる。受動文は動作主に焦点を当てないで表現する形式なので、文中に動作主が現れないことが多い。表現される場合は von＋3格となる。

■ **frisch** [fʁɪʃ]
形 新鮮な

■ **Obst** [oːpst]
中 果物（集合的に総称として）

■ **Gemüse** [gəmýːzə]
中 野菜（集合的に総称として） Ich putze Gemüse. 私は野菜の（皮をむく、洗う、種をとるなどの）下処理をします。

verkaufen [fɛɐkáu̯fən]

動 [他] 売る (⇔ **kaufen** 動 [他] 買う)

毎週水曜日に開かれる市場では、新鮮な果物や野菜が売られています。

116

Der erste Tempel im Judentum wurde vor etwa 3000 Jahren von König Salomo gebaut.

Tempel [tɛ́mpəl]

男 寺 (複 Tempel)

Judentum [júːdəntuːm]

中 ユダヤ教

□ **Jude** 男　□ **Jüdin** 女 ユダヤ教徒

◇宗教の名前◇

□ **Religion** 女 宗教　□ **religiös** 形 宗教の、宗教的な

□ **evangelisch** 形 プロテスタントの

□ **katholisch** 形 カトリックの

□ **Christentum** 中 キリスト教

Christ 男 (複 Christen) **Christin** 女 キリスト教徒

□ **Buddhismus** 男 仏教

Buddhist 男 (複 Buddhisten) **Buddhistin** 女 仏教徒

□ **Islam** 男 イスラム教

Muslim 男 (複 Muslime) **Muslimin** 女 イスラム教徒

Ich bin evangelisch/katholisch.
私はプロテスタント／カトリック信者です。

wurde [vʏ́ʁdə]

動 [自] **werden** の過去形。

ich	wurde	wir	wurden
du	**wurdest**	ihr	wurdet
er/sie/es	**wurde**	sie/Sie	wurden

受動態における過去の出来事の表現は、過去形にする場合と現在完了形にする場合の２通りある。

Der Tempel wurde gebaut.

Der Tempel *ist* gebaut *worden*.

werdenは助動詞seinで完了形を作る。また、werdenは助動詞として用いられた場合の過去分詞はwordenなので注意。本動詞「…になる」の意味で用いられた場合はwerdenの過去分詞はgeworden.

Sie *ist* groß *geworden*.

彼女は大きくなった（成長した）。

vor [foːɐ]
前（3・4格支配）…前に
《時間表現で「…前に」という場合は普通は3格支配。（場所のvor ➡**Nr.28**）》

etwa [ɛ́tva]
副 約、およそ

von [fɔn]
前（3格支配）…によって
《受動文で動作主をあえて表現したい場合は、vonを用いる。》

König [kǿːnɪç]
男 王（複 Könige）
□ **Königin** 女 女王

bauen [bá͜ʊən]
動［他］**建てる**、建設する

ユダヤ教の最初の寺は、約3000年前にソロモン王によって建てられました。

117

Frau Meyer möchte umziehen, weil ihr Nachbar nachts laut ist.

um|ziehen* [ʊ́mtsiːən]
動［自］(s) **引っ越す**（過去 zog um 過分 umgezogen）

weil [va͜ɪl]
接続（従属）**なぜならば**

laut [la͜ʊt]
形 **うるさい**、騒々しい

マイヤーさんは引っ越したいと思っています。なぜなら彼女の隣人が夜、うるさいからです。

▶ 118

Heutzutage machen sich viele Leute Sorgen, ob die Rente fürs Alter reicht. Die Lebenserwartung nimmt zu, während immer weniger Kinder geboren werden.

- **heutzutage** [hɔ́ɪttsuːtaːgə]
  副 今日（では）
- **Sorge** [zɔ́ʁgə]
  女 心配、不安（複 Sorgen）
  〈*sich*^{3} um + 4格 + Sorgen machen〉 **…を心配する**
  《代名詞と名詞が並んだ場合、通常は代名詞が先にくるため、ここでは主語であるviele Leuteより再帰代名詞sichが前にきている。》
- **ob** [ɔp]
  接続（従属）…かどうか
- **Rente** [ʁɛ́ntə]
  女 年金（複 Renten）
  in Rente gehen 年金生活に入る
  （年金生活者 Rentner 男 ➡**Nr.108**）
- **Alter** [áltɐ]
  中 年齢、老齢期
  Wir sind im gleichen Alter. 私たちは同い年だ。
  Er starb im Alter von 100 Jahren.
  彼は100歳で亡くなった。
  《「…歳で」は他に、mit ... Jahren も》
  mit zunehmendem Alter 年齢とともに
- **reichen** [ʁáɪçən]
  動［自］〈für + 4格 / zu + 3格 に〉 **十分である**、足りる
- **Lebenserwartung** [léːbənsɛɐvaʁtʊŋ]
  女 平均寿命
- **zu|nehmen** [tsúːneːmən]
  動［自］**増大する**、増加する

■ **während** [vɛ́ːʁənt]
接続 (従属)…の一方で、…の間に

■ **immer weniger**
表現 ますます少ない《immer + 比較級 どんどん…になる》

■ **geboren werden**
表現 (受動態で)生まれる
《geboren は gebären「産む、出産する」の過去分詞。geboren の形で形容詞的に用いて、「…で生まれました」という形で用いられることが多い。》
Ich bin 1999 in Halle geboren.
　私は1999年にハレで生まれた。

今日では、老後に年金が足りるかどうか多くの人が心配しています。平均寿命はどんどん延びている一方で、子どもの生まれる数はますます少なくなっています。

▶ 119

Obwohl sie schon lange verheiratet ist, hat sie weder Ahnung noch Interesse daran, wie viel ihr Mann verdient.

■ **obwohl** [ɔpvóːl]
接続 (従属)…にもかかわらず

〈文法コラム〉 従属文の語順
obwohl, als, dass, weil, trotzdem などの従属の接続詞に導かれる文は、副文または従属文と呼ばれ、語順が平叙文とは異なる。
例)
　Sie hat viel gegessen. 彼女はたくさん食べた。
　Sie hat jetzt Hunger. 彼女は今、お腹がすいている。
従属文が先にくる場合：
従属の接続詞 + 主語 + その他 + 動詞, 動詞 + 主語 + その他
　Obwohl sie viel gegessen hat, hat sie jetzt Hunger.
主文が先にくる場合：
主語 + 動詞 + その他, 従属の接続詞 + 主語 + その他 + 動詞

Sie hat jetzt Hunger, obwohl sie zu Mittag viel gegessen hat.

verheiratet [fɛɐháɪʁaːtət]
形 既婚の、結婚した（⇔ **ledig** 形 独身の）
□ **heiraten** 動 [他] 人^4 と結婚する
Im November habe ich sie geheiratet.
11月に私は彼女と結婚した。
weder ... noch ...　…でも…でもない

Ahnung [áːnʊŋ]
女 予感、見当、推測
Keine Ahnung! わかりません。

Interesse [ɪntʁɛ́sə]
中 関心、興味
〈an + 3格 / für + 4格 への〉興味

verdienen [fɛɐdíːnən]
動 [他] 稼ぐ

彼女はもう長い間結婚しているにもかかわらず、彼女の夫がいくら稼いでいるのか知らないし、興味もない。

▶ 120

Am Wochenende kümmert er sich um das Mittagessen seiner Schwiegereltern.

Wochenende [vɔ́xənɛndə]
中 週末　am Wochenende 週末に

kümmern [kʏ́mɐn]
動 [再帰] 〈*sich*^{4} um + 4格〉 4格 の面倒をみる、世話をする

Mittagessen [míta:kɛsən]
中 昼食

Schwiegereltern [ʃvíːgɐɛltɐn]
複 義理の両親（参照➡ Nr.104）

週末、彼は義理の両親の昼食の面倒をみます。

121

Zur Erfrischung wäscht sie sich das Gesicht und putzt sich die Zähne.

Erfrischung [ɛɐ̯fʁíʃʊŋ]

女 気分転換

waschen* [váʃən]

動 [再帰] 〈*sich*³ 体の部位⁴〉 (自分の体の一部)を**洗う**

> 自分の体のどこかを洗う場合は再帰表現で、*sich*³と定冠詞をつけた体の部位を組み合わせるのが一般的。全身を洗う場合は再帰代名詞sich⁴を用いる。
>
> Ich wasche *mir* die Hände. 私は自分の手を洗う。
>
> Ich wasche *mich*. 私は自分の体を洗う。

(waschenのその他の用法➡**Nr.57**)

Gesicht [gəzíçt]

中 顔 (複 Gesichter)

putzen [pʊ́tsən]

動 [他] 磨く、掃除する

《「自分の歯を磨く」場合は再帰動詞として用いる。上記の顔を洗う場合と同様に、再帰代名詞*sich*³と定冠詞付き4格(ここではdie Zähne)。》

(putzenのその他の用法➡**Nr.54**)

> **再帰動詞を用いる身支度の表現**
>
> Ich dusche mich. 私はシャワーを浴びます。
>
> Ich kämme mich./Ich kämme mir die Haare.
> 私は髪の毛をとかします。
>
> Ich schminke mich. 私は化粧をします。
>
> Ich rasiere mich. 私はひげを剃ります。

Zahn [tsaːn]

男 歯 (複 Zähne)

fauler/kranker Zahn 虫歯

Ich habe einen kranken Zahn. 私は1本虫歯があります。

□ **Zahnarzt** 男 □ **Zahnärztin** 女 歯医者

Ich habe Zahnschmerzen. 私は歯が痛いです。

気分転換に彼女は顔を洗い、歯を磨きます。

122

Leo fehlt schon einen Monat. Er muss schwer krank sein.

fehlen [féːlən]
動 [自] 欠席する、足りない、不足している

fehlenを用いた表現
〈es fehlt + 人³ + (an + 物・事³)〉 人に（物・事が）欠けている、不足している
Es fehlt ihr an Mut. 彼女には勇気がない。
Ihm fehlt nichts. 彼はなに不自由ない。
Du fehlst mir sehr. 君がいなくてとても寂しい。

Monat [móːnat]
男 月（複 Monate）（期間の言い方➡**Nr.22**）

müssen [mʏ́sən]
助動 …に違いない（müssenのその他の用法➡**Nr.54**）

schwer [ʃveːɐ]
形 重い

krank [kʁaŋk]
形 病気の

レオはもう1ヶ月も欠席している。きっと重い病気に違いない。

123

„Ihr Blutdruck ist etwas hoch. Nehmen Sie täglich diese Tabletten nach dem Abendessen.“

Blutdruck [blúːtdʁʊk]
男 血圧
Blut 中 血 + **Druck** 男 圧力 = Blutdruck

täglich [tɛ́ːklɪç]
形 毎日

Tablette
[tablɛ́tə]

【女】 錠剤、(錠剤の形をした)薬(【複】 Tabletten)

□ **Schmerztablette** 【女】 鎮痛剤

□ **Schlaftablette** 【女】 睡眠薬

> Tablette は錠剤の形をした薬全般に使われる。形状を問わず薬を表すのは **Medikament** 【中】 (【複】 Medikamente)。
>
> Medikamente gegen Kopfschmerzen　頭痛の薬
> Bauchschmerzen　腹痛の薬
>
> 薬草 (**Kräuter** 【複】) が日常的に用いられるドイツでは、お茶(Tee)やあめ(Bonbon)などの形で用いられるものも数多くある。効能に応じて調合されたお茶(Hustentee「咳止め用お茶」など)も様々な種類があり、薬用ハーブだけを扱う専門の薬局も、たいていどの町にもある。

Abendessen
[áːbəntɛsən]

【中】 夕食

> 「あなたは少し血圧が高いですね。毎日この薬を夕食後に飲んでください。」

▶ 124

> „Seit einer Woche fühle ich mich nicht wohl. Ich habe mich erkältet. Die Nase läuft ständig."

seit
[zaɪ̯t]

【前】 (3格支配)…以来ずっと

fühlen
[fýːlən]

【動】 [再帰] 〈*sich*⁴ 【形】〉 自分自身が…のように感じる

erkälten
[ɛɐkɛ́ltən]

【動】 [再帰] 〈*sich*⁴〉 風邪をひく

> 過去分詞 erkältet を形容詞として用いることもある。
>
> Ich bin erkältet. 私は風邪をひきました。

wohl
[voːl]

【副】 気分良く、快適な

■ **Nase** [náːzə]

女 鼻（複 Nasen）

◇**病気の関連表現**◇

Die Nase läuft.　鼻水が出る。
Ich putze mir die Nase. 私は鼻をかみます。
Ich habe Kopf-/Bauch-/Halsschmerzen.
私は頭／お腹／のどが痛いです。
Ich habe Fieber.　私は熱があります。
Mir ist kalt.　寒いです。

■ **ständig** [ʃtɛ́ndɪç]

形 絶えず、いつでもずっと

「私は1週間前から気分がすぐれません。私は風邪をひいてしまいました。鼻水がしょっちゅう出ます。」

125

„Wofür interessieren Sie sich?"
„Ich interessiere mich für österreichische Literatur, vor allem für die moderne Literatur des 20. Jahrhunderts."

■ **wofür** [vofýːɐ]

副 何に
《前置詞 für をともない、「何が／を」などという疑問文を作る場合、wo が意味的に疑問代名詞 was に相当し、wofür になる。➡**Nr.16**》

■ **interessieren** [ɪntəʁɛsíːʁən]

動［再帰］〈*sich*⁴ für + 4格〉4格に関心がある

再帰表現の他、
Sein Vortrag interessiert mich nicht.「彼の講演は私に関心を起こさせない。＝私は彼の講演に興味がない。」という他動詞の表現もよく使われる。

■ **österreichisch** [ǿːstəʁaɪçɪʃ]

形 オーストリアの

■ **Literatur** [lɪtəʁatúːɐ]

女 文学

■ **vor allem** [foːɐ áləm]
表現 とりわけ

■ **Jahrhundert** [jáːʁhʊndɐt]
中 世紀、100年（複 Jahrhunderte）
im 20. Jahrhundert　20世紀に

「あなたはなにに関心がありますか？」
「私はオーストリア文学、とりわけ20世紀の現代文学に関心があります。」

126

„Kannst du dir vorstellen, wie groß der Kölner Dom ist? Ich erinnere mich immer noch an den schönen Dom am Rhein."

■ **vor|stellen** [fóːɐʃtɛlən]
動 [再帰]〈*sich*³ + 4格〉 4格 **を想像する**、具体的にイメージする
（再帰 sich⁴/他動詞の用法➡**Nr.128**）

■ **wie** [viː]
疑問副 **どんなに**、どのように

〈文法コラム〉 間接疑問文

疑問代名詞（wer, was, welch-など）・疑問副詞（wo, wohin, woher, warum, wieなど）に導かれる疑問文が間接疑問文（副文）になるときは、これらの疑問詞が従属の接続詞と同じ働きをする。つまり動詞は副文の最後に置かれる。ここでは、„Wie groß ist der Dom?"という疑問文が副文となり、istが文末に置かれている。

Ich weiß nicht, wo sie jetzt *wohnt*.
私は彼女が今どこに住んでいるのか知らない。

Ich verstehe nicht, warum er so viel arbeiten *muss*.
私はなぜ彼がそんなにたくさん働かなければならないのか理解できない。

■ **Dom** [doːm]
男 **ドーム、大聖堂**（複 Dome）
Kölner Dom ケルン大聖堂（地名 + er ➡**Nr.139**）

erinnern [ɛɐ̯ínɐn]

動 [再帰] 〈*sich*[4] *an* + 4格〉 4格を思い出す

> 再帰表現の他、
> Die Musik erinnert mich an meine Schulzeit.
> 「この音楽は私の学校時代を思い出させる。＝この音楽を聴くと学校時代を思い出す。」という他動詞表現もよく使われる。

□ **Erinnerung** 女 思い出

Erinnerung an + 4格　4格の思い出

Wenn ich das richtig in Erinnerung habe, ...
　私の記憶が正しければ…

immer noch [ímɐ nɔx]

表現 いまだに、いぜんとして

Rhein [ʁaɪ̯n]

男 ライン川

am Rhein ライン川沿いの（ドイツの川➡**Nr.24**）

「ケルン大聖堂がどんなに大きいか想像できる？ 私は今でもライン川沿いの美しい大聖堂を思い出すよ。」

▶ 127

Die Gaststätte Pauli eignet sich gut als Ausgangspunkt, um die Sehenswürdigkeiten dieser Gegend zu besichtigen.

Gaststätte [gástʃtɛtə]

女 飲食店、旅館（複 Gaststätten）

eignen [áɪ̯gnən]

動 [再帰] …に向いている、合っている
〈*sich*[4] (für + 4格/zu + 3格)〉

Ausgangspunkt [áʊ̯sgaŋspʊŋkt]

男 出発点

Ausgang 男（出口）＋ **Punkt** 男（点、地点）
＝ Ausgangspunkt

um ... zu ...

表現 …をするために

□ **ohne zu** 不定詞（句）　…することなしに

Er benutzt immer meinen Computer, ohne mich zu fragen.

彼はいつも私に聞くことなしに私のパソコンを使う。

□ **(an)statt zu** 不定詞（句） …するかわりに、…ではなく

Sie gehen ins Restaurant, anstatt zu Hause etwas zu kochen.

彼らは家で料理するのではなく、レストランに行く。

■ **Sehenswürdigkeit** [zé:ənsvʏʁdɪçkaɪt] 女 （普通複数で）**観光名所**、見どころ （複 Sehenswürdigkeiten）

■ **Gegend** [gé:gənt] 女 **この辺り**、近隣（複 Gegenden）

□ **Gebiet** 中 国や地方の領域、地域、領土

das Gebiet von Österreich オーストリアの領土

□ **Umgebung** 女 周辺地域

in der Umgebung von Heidelberg

ハイデルベルク周辺で

■ **besichtigen** [bəzíçtɪgən] 動 ［他］**観光する**、見学する

旅館パウリはこの地域の見どころを回るための出発点として適しています。

128

Auf der Party hat sie mir ihren Enkel vorgestellt, aber ich habe leider sein Gesicht vergessen.

■ **Party** [pá:ʁti] 女 **パーティー**

■ **vor|stellen** [fó:ɐʃtɛlən] 動 ［他］（人^{3}に 4格 を）**紹介する**

ー［再帰］〈*sich*^{4}〉 自己紹介する

「自己紹介する」は *sich*^{4} vor|stellen

Darf ich mich kurz vorstellen?

簡単に自己紹介してもよろしいでしょうか？

Sie hat sich vorgestellt. 彼女は自己紹介した。

Stellen Sie sich vor.　自己紹介してください。

Enkel [ɛ́ŋkəl]

男 孫(複 Enkel)　□**Enkelin**(女の)孫

「孫」は他に、Enkelkind、Enkeltochter「孫娘」、Enkelsohn「孫息子」ともいう。「子孫、後継ぎ」は **Nachkomme** 男(複 Nachkommen)「先祖」は **Vorfahr** 男(複 Vorfahren)で、集合的に使う場合は複数形で。

Gesicht [gəzíçt]

中 顔(複 Gesichter)

vergessen* [fɛɐgɛ́sən]

動 [他] 忘れる(過去 vergaß　過分 vergessen)

パーティーで彼女は孫を私に紹介してくれたが、残念ながら私は彼の顔を忘れてしまった。

129

Meine Kinder freuen sich sehr auf das Camping. Sie haben schon ihren Koffer gepackt.

freuen [fʁɔ́ɪən]

動 [再帰]〈*sich*^{4} auf + 4格〉…を楽しみにする

すでに起こったことについて「喜ぶ、嬉しく思う」は sich über + 4格 + freuen。

Ich habe mich über das Geschenk sehr gefreut.

私はこのプレゼントがとても嬉しかった。

sichを用いた再帰表現以外では他動詞用法で、Sein Geschenk hat mich sehr gefreut.「彼のプレゼントは私をとても喜ばせた。」のような表現もある。
また、初対面で交わされる Freut mich! は freuen も他動詞用法。主語を省略した、「(これは) 私を喜ばせます。」という意味から生じて「お会いできて嬉しい」という挨拶になる。

Camping [kɛ́mpɪŋ]

中 キャンプ

■ **Koffer** [kɔ́fɐ]
男 **スーツケース、荷物、トランク** (複 Koffer)

■ **packen** [pákən]
動 [他] (荷物などを) **詰める**

私の子どもたちはキャンプをとても楽しみにしています。彼らはもう荷物を詰めてしまいました。

130

Gymnastik verbessert sowohl Muskeln als auch Nerven.

■ **Gymnastik** [gʏmnástɪk]
女 体操

■ **verbessern** [fɛɐbɛ́sɐn]
動 [他] **改善する**、修正する、よりよくする

Ich möchte meine Deutschkenntnisse verbessern.
私は自分のドイツ語力をのばしたい。

verbessernは接頭辞verにgutの比較級であるbesserが組み合わされた動詞である。他にもver＋形容詞比較級＋nという構造で、「もっと…する」という意味を持つ動詞が多々ある。

vergrößern 大きくする　verkleinern 小さくする
verlängern 長くする、のばす　verkürzen 短くする
＊kurz の比較級はkürzerだがここではverkürzen
verschönern きれいにする

■ **sowohl** [zovóːl]
接続 (並列) (sowohl ... als auch ～の形で) **…も～も**

■ **Muskel** [muskəl]
男 **筋肉** (複 Muskeln)

■ **Nerv** [nɛʁf]
男 (普通複数で) **神経** (複 Nerven)

体操は筋肉だけでなく神経も改善します。

131

Er hat den Regenschirm, den er gestern von einem Bekannten geliehen hatte, irgendwo verloren.

Regenschirm [ʁéːgənʃɪʁm]

男 傘（複 Regenschirme）

□ **Taschenschirm** 男 **折りたたみ傘**

Bekannter [bəkántɐ]

男 知り合い、知人（形容詞変化）《einem Bekannten は3格の形。文法的には形容詞 bekannt を名詞化した形だが、名詞としてすでに独立しているといえる。ドイツ語の中には形容詞に由来を持つ名詞が数多くあり、変化に注意が必要。》

〈文法コラム〉 形容詞の名詞化

形容詞は大文字で書き始めて名詞として用いることができる。男性・女性・複数形はそれぞれの属性の人間を表し、中性はその属性の事柄や物を表す。変化は形容詞の付加語用法と同じで、冠詞の種類や名詞の性、格によって語尾変化するので注意。

知り合い（男性：1格）

ein Bekannter　der Bekannte　Bekannter

知り合い（女性：1格）

eine Bekannte　die Bekannte　Bekannte

知り合い（複数：1格）

Bekannte　die Bekannten　Bekannte

中性は、etwas、nichts、alles、viel などとともに用いられることが多いほか、習慣的によく用いられる表現もある。

Gibt es etwas Neues? なにか新しいことある？

Nein, es gibt nichts Neues.

いいえ、なにもありません。

（➡巻末Ⅲ.2）形容詞の名詞化）。

■ **leihen***
[láɪ̯ən]

動 [他]〈4格 ＋ von ＋ 3格〉 **4格を3格から借りる**
(過去 lieh 過分 geliehen)
《お金を払う賃借関係での貸し借りはmieten「借りる」、vermieten「貸す」となる。》

leihenは構文によって「貸す」という意味にもなる。
人³ ＋ 4格 ＋ leihen　　貸す
4格 ＋ von ＋ 3格 leihen 借りる
　Ich leihe dir ein Buch.　　私は君に本を貸す。
　Ich leihe von dir ein Buch. 私は君から本を借りる。

過去完了の用法
「傘を借りた」ことは「なくした」ことより時間的に前になる。その時間関係を示すために「傘を借りた」を過去完了形で、「なくした」ことを現在完了形で表す。過去完了形は、現在完了形の助動詞habenをhatteにかえて作る。(seinの場合はwar)

■ **irgendwo**
[ɪ́ʁgəntvoː]

副 **どこかあるところで**

irgend-は、疑問副詞などにつけて副詞、不定代名詞を作る。
　irgendwann いつかあるとき
　irgendwas なにかあるもの　irgendwie なんとかして

■ **verlieren***
[fɛʁlíːʁən]

動 [他] **なくす、失う** (過去 verlor 過分 verloren)

彼は、昨日知人から借りた傘を、どこかでなくしてしまいました。

132

Sie tut so, als ob sie viel älter wäre als ich.

■ **tun***
[tuːn]

動 [自] **ふるまう、ふりをする** (過去 tat 過分 getan)

ich	tue	wir	tun
du	**tust**	ihr	tut
er/sie/es	**tut**	sie/Sie	tun

tunの慣用的表現

Ich möchte mein Bestes tun. 私は全力を尽くします。
Es tut mir sehr Leid. 本当にごめんなさい。
Was kann ich für Sie tun?
あなたのためになにか私にできる事はありますか？

als ob
[als op]

表現 あたかも…であるかのように
《als obの後の文は副文になる。この場合の接続法Ⅱ式は事実と異なることを意味する（非現実の用法）。obは省略可能で、その場合は定動詞はalsの直後に置かれる。Sie tut so, als wäre sie viel älter als ich.》

älter
[ɛ́ltɐ]

形 （altの比較級）より年上の、より古い
比較級 **als** ... …より～だ。

als obに導かれる文は副文になるので、本来ならば動詞（ここではwäre）が副文の最後に置かれるが、比較対象を表すalsは文末に置かれる動詞よりさらに後に置かれることが多い。

1）Alina kann besser Kuchen backen als ihre Mutter.
アリーナは彼女の母よりじょうずにケーキを作ることができる。

2）Weißt du, dass es in Berlin viel kälter ist als in Tokyo?
ベルリンは東京よりずっと寒いって知ってる？

なおals以下の（代）名詞の格は比較対象の格に合わせる。つまり1）の場合はihre Mutterは文の主語であるAlina（1格）と比較されているので1格。例えば次のような場合はalsの後ろは4格になる。

Ich esse lieber einen Apfel als einen Hamburger.
私はハンバーガーより、リンゴを1つ食べる方がいい。

wäre
[vɛ́ːʁə]

動 ［自］seinの接続法Ⅱ式

彼女は私よりずっと年上であるかのようにふるまっています。

133

„Warum ist in vielen Ländern Sterbehilfe verboten?"
„Eine schwierige Frage. Im Prinzip bin ich für Sterbehilfe. Aber wissen Sie? Dazu gibt es verschiedene Meinungen."

- **Sterbehilfe** [ʃtɛ́ʁbəhɪlfə] 女 安楽死
- **verboten** [fɛɐbóːtən] 形 禁じられた
- **schwierig** [ʃvíːʁɪç] 形 難しい
- **Frage** [fʁáːgə] 女 問題、問い (複 Fragen)
- **Prinzip** [pʁɪnzíːp] 中 原則、原理 (複 Prinzipien) im Prinzip 原則的に
- **für** [fyːɐ] 前 (4格支配) …に賛成して (⇔ **gegen** …に反対して)

ある事柄に賛否を表明する場合、Ich bin dafür/dagegen.「私はそれに賛成です／反対です」のように表すこともできる。

- **dazu** [dazúː] 形 (daが前文の内容を受けて) それに対して
- **verschieden** [fɛɐʃíːdən] 形 異なった、様々な
- **Meinung** [máɪnʊŋ] 女 考え、意見 (複 Meinungen)

〈文法コラム〉 意見を述べるための様々な表現

meiner Meinung nach ...
(または nach einer Meinung ...) 私の考えでは…

Meiner Meinung nach sollen kleine Kinder kein Handy benutzen.

私の考えでは小さな子供は携帯電話を使うべきではありません。

Ich bin der Meinung, dass ...

私は…という考えです。

Ich bin der Meinung, dass auch Väter Elternzeit nehmen sollen.

私は、父親も育児休暇をとるべきだという考えです。

「なぜ多くの国で安楽死は禁じられているのですか？」
「難しい問題ですね。基本的には私は安楽死に賛成です。しかしいいですか？ これにはいろいろな考え方があるのです。」

134

Die Organisation unterstützt finanziell die Kinder, die wegen eines Verkehrsunfalls entweder ihre Eltern oder einen Elternteil verloren haben.

- **Organisation** [ɔʁganizatsióːn] 女 組織（複 Organisationen）
- **unterstützen** [ʊntɐʃtʏ́tsən] 動［他］支持する、支援する
- **finanziell** [fɪnantsiɛ́l] 形 経済的に、金銭的に
- **wegen** [véːgən] 前（2格支配）…のせいで、…の理由によって
- **Verkehrsunfall** [fɛɐkéːɐsʊnfal] 男 交通事故（複 Verkehrsunfälle）
  Verkehr 男（交通）＋ **Unfall** 男（事故）＝ Verkehrsunfall
- **entweder** [ɛntvéːdɐ] 接続（並列）（entweder ... oder ... の形で）…かまたは…
  □ **weder ... noch ...**　…でも…でもない

〈文法コラム〉 entweder oder と weder noch

entweder ... oder ... は二者択一でどちらか、weder ... noch ... はどちらでもない、という場合に用いられる。

Am 1. Dezember hält entweder Herr Schlösser oder Frau Jahn einen Vortrag.

12月1日はシュレッサーさんヤーンさんのどちらかが講義をします。

Ich spreche weder Englisch noch Französisch.

私は英語もフランス語も話せない。

entweder oder や weder noch だけで答える事も可能である。

A: Kann man mit einer Karte beide Vorträge von Herrn Schlösser und Frau Jahn besuchen?

チケット1枚でシュレッサーさんとヤーンさんの講義が聴けますか？

B: Entweder oder.

どちらかです。

A: Sprechen Sie Englisch oder Französisch?

英語かフランス語を話しますか？

B: Weder noch.

どちらもできません。

Elternteil [ɛ́ltɐntaɪ̯l] 男 両親のうちの一方

verlieren* [fɛɐ̯líːʁən] 動 [他] 失う (過去 verlor 過分 verloren)

この組織は、交通事故で両親、または両親のうちのどちらかを失った子どもたちを経済的に支援しています。

135

> Als sich mein Schüler beim Sportunterricht verletzt hat, habe ich meine Frau kennengelernt. Ich bin Lehrer und sie ist Ärztin.

als [als]
接続 (従属)…したとき

> **〈文法コラム〉 als と wenn**
> als は過去の１回限りの出来事を表し、wenn は現在および過去においてくり返し起こる習慣的な事柄に用いる。
> Als ich nach Hause gekommen bin, haben die Kinder schon geschlafen.
> 私が家に帰ったとき、子どもたちはすでに寝ていた。
> Wenn ich nach Hause gekommen bin, haben die Kinder schon geschlafen.
> 私が家に帰ると、子どもたちはいつももう寝ていた。

Schüler [ʃýːlɐ]
男 (高校生以下の) 生徒 (複 Schüler)
□ **Schülerin** 女 (複 Schülerinnen)

Sportunterricht [ʃpɔ́ʁtʊntɐʁɪçt]
男 体育の授業
□ **Deutschunterricht** 男 ドイツ語の授業

verletzen [fɛɐ̯lɛ́tsən]
動 [再帰] 〈*sich*[4] (an 身体の部位[3])〉 けがをする
Ich habe mich am Knie verletzt.
私はひざをけがしました。

kennen|lernen [kɛ́nənlɛɐ̯nən]
動 [他] **知り合う**、触れる、学ぶ
《kennenlernen は人間と知り合う場合だけでなく、Kultur「文化」や Stadt「町」など、事物についても用いられる。Ich habe die deutsche Kultur kennengelernt.「私はドイツの文化に触れました」》

> 私の生徒が体育の授業でけがをした時に、私は妻と知り合いました。私はつまり教師で、妻は医者なのです。

136

> „Du, Oma. Ist das Leben heute besser als früher?"
> „Na ja, das hängt davon ab, was für ein Leben du für gut hältst."

Oma [óːma]
女 おばあちゃん（= Großmutter）（幼児語、あるいは家庭内での呼びかけの言葉）
□ **Opa** 男 おじいちゃん

家族への呼びかけ
祖父、祖母はそれぞれGroßvater、Großmutterだが、直接呼びかける言葉としてはOpa、Omaが一般的である。日本のように子ども目線、孫目線に立って自分の配偶者や親を「お父さん」「お母さん」や「おじいちゃん」「おばあちゃん」のように呼びかける事は基本的にはないが、孫がそこにいる場合、あるいは孫が話題の中心になっている場合には、孫の目線にたってOpaやOmaなどの言葉が使われることがある。両親への呼びかけはPapaとMamaがよく使われる。配偶者は愛称やファーストネームで呼ぶのが一般的である。兄弟間、あるいは親から長男・長女に対して「おにいちゃん」、「おねえちゃん」などの親族名称で呼びかけることもない。

Leben [léːbən]
中 人生、生活

heute [hɔ́͜ɪtə]
副 今日、現在、今

früher [fʁýːɐ]
副 昔、かつて、以前

ab|hängen* [áphɛ́ŋən]
動 [自]（von + 3格 に）…による、…に依存している
（過去 hing ... ab 過分 abgehangen）

was für ein
表現 どんな種類の、どのような
《was für（ein）の形で疑問詞として名詞に付加される。fürは格支配せず、einの形は後続の名詞の性と格による。また名詞が複数形であればeinはつかない。》

Was für Filme siehst du gern?
　どんな映画が好きなの？
— Ich sehe gern spannende Geschichten.
　手に汗握るような話が好き。
Was für eine Kleidung möchtest du dir kaufen?
　どんな洋服を買いたいの？
— Ich möchte ein schickes Kleid für eine Party.
　パーティー用のシックなワンピースが欲しいの。

halten*
[háltən]

動 ［他］（4格 ＋ für ＋ 形の形で） 4格を形だと思う
（過去 hielt 過分 gehalten）
Ich halte es für richtig/wichtig/angemessen.
　私はそれを正しい／重要だ／適切だと思います。

「ね、おばあちゃん。今の生活は昔より良くなってる？」
「そうだね、それはあなたがどんな生活をよいと考えるかによるね。」

137

„Dein Enkel ist deiner Frau sehr ähnlich."
„Sie ist deshalb immer stolz auf ihn!"

ähnlich
[ɛ́ːnlɪç]

形 （3格に）似ている

〈文法コラム〉　形容詞の格支配
形容詞の中には特定の格と結びつくものがある。ähnlichは3格とともに使われる。3格はähnlichより前に置かれる。
　Meine Schwester ist mir ähnlich.
　　私の姉（妹）は私に似ている。

stolz
[ʃtɔlz]

形 （auf ＋ 4格）誇りに思う

〈文法コラム〉　形容詞と前置詞の結びつき
形容詞の中には特定の前置詞と熟語的に結びつくものがある。

Der Saft ist **reich/arm an** Vitaminen.
(reich/arm an + 3格)
　このジュースはビタミンが豊富だ／乏しい。
Ich bin **an** das Leben schon **gewöhnt**.
(gewöhnt an + 4格)
　私はもう生活に慣れた。
Er ist **für** diese Arbeit **zuständig**.
(zuständig für + 4格)
　彼はこの仕事の担当です。
Die Fahrkarte ist **für** eine Woche **gültig**.
(gültig für + 4格)
　この乗車券は1週間有効です。
Der Ausflug ist **vom** Wetter **abhängig**.
(abhängig von + 3格)
　この遠足はお天気次第だ。

「君のお孫さんは君の奥さんによく似ているね。」
「だから彼女は孫がいつでも自慢なんですよ。」

▶ 138

Wir haben die Japanreise mit vielen neuen Eindrücken von japanischer Natur, Technik und Lebensart sehr genossen.

- **Eindruck** [áɪ̯ndʁʊk] — 男 印象（複 Eindrücke）
- **Technik** [tɛ́çnɪk] — 女 科学技術
- **Natur** [natúːɐ] — 女 自然
- **Lebensart** [léːbənsaʁt] — 女 生活様式、暮らし方
- **genießen*** [gəníːsən] — 動 [他] 楽しむ、味わう（過去 genoss 過分 genossen）

私たちは、日本の自然、科学技術、生活様式についてたくさんの新しい印象を得て、日本旅行をとても満喫しました。

▶ 139

Nachdem die Berliner Mauer gefallen war, hat sich Berlin, das 1990 zur Hauptstadt Deutschlands geworden ist, stark verändert.

■ **nachdem**
[naːxdéːm]

接続 （従属）…したあとで
《nachdem に導かれる副文の時制は過去完了などが用いられ、主文より時間的に前であることが示される。過去完了形➡ **Nr.131**》

〈文法コラム〉 西暦の読み方
1099年までは基数と同じ読み方。1100年からは2桁ずつ区切り、間に hundert を入れる。
1983 neunzehnhundertdreiundachtzig
2018 zweitausendachtzehn
2000年から2099までは基数と同じで、2100からは再び2桁ずつ読むようになると思われる。

■ **die Berliner Mauer** 女 ベルリンの壁
[diː bɛʁlíːnɐ máu̯ɐ]

Berlinerのように地名に -er の語尾をつけると「その地方・町の」という意味の形容表現ができる。固有名詞化したものの中にも多く見られる。
der Frankfurter Flughafen フランクフルト空港
Wiener Schnitzel ヴィーナーシュニッツェル
（仔牛のカツレツ。ウィーンの名物料理の1つ）
Schwarzwälder Kirschtorte
黒い森のさくらんぼケーキ
（黒い森地方の名産のケーキ）

■ **fallen***
[fálən]
動 [自] (s) 落ちる、倒れる（過去 fiel 過分 gefallen）
〈変化〉du fällst er/sie/es fällt

■ **Hauptstadt**
[háuptʃtat]
女 首都

■ **stark**
[ʃtaʁk]
形 強い、程度が大きい、ひどい
（比較 stärker 最上 stärkst- / am stärksten）

■ **verändern**
[fɛɐ̯ɛ́ndɐn]
動 [再帰] 〈*sich*^{4}〉 変わる、変化する

ベルリンの壁が崩壊した後、1990年からドイツの首都となったベルリンは大きく変化しました。

140

Der frühere Bundespräsident, Richard von Weizsäcker ist 2015 im Alter von 94 Jahren in Berlin gestorben. Er war einer der beliebtesten Politiker in Deutschland.

■ **früher**
[fʁýːa]
形 （früh の比較級）昔、かつて
《付加語として》
die frühere Hauptstadt かつての首都

■ **Bundespräsident**
[bʊ́ndəspʁɛzidɛnt]
男 連邦大統領
□ **Bundeskanzler** 男 **Bundeskanzlerin** 女
連邦首相

■ **Alter**
[áltɐ]
中 歳、年齢 〈im Alter von ... Jahren〉…歳で

■ **sterben***
[ʃtɛ́ʁbən]
動 [自] (s) 死ぬ、亡くなる（過去 starb 過分 gestorben）

ich	sterbe	wir	sterben
du	**stirbst**	ihr	sterbt
er/sie/es	**stirbt**	sie/Sie	sterben

《「亡くなった」は形容詞 tot を用いて、Er ist tot. ともいう。》

beliebt
[bəlíːpt]

形 人気のある、人々に好まれている、好んで用いられる

〈einer/eine/eines＋der＋形容詞最上級en＋複数名詞〉
もっとも…のうちの１つ
einer/eine/eines は修飾される名詞の性による。つまり後続の複数名詞が単数の場合の名詞の性。ここでは Politiker が男性名詞なので、einer となる。der は複数２格の冠詞の形。後ろから前に向かって修飾している。
eine der schönsten Städte もっとも美しい街の１つ
eines der besten Hotels 最高のホテルのうちの１つ

Politiker
[políːtikɐ]

男 （男の）**政治家**（複 Politiker）
□ **Politikerin** 女 （女の）政治家

ヴァイツゼッカー大統領
1984年から1994年までドイツの大統領を務めた。終戦40年にあたる1985年に行った„Rede zum 40. Jahrestag des Kriegsendes vom 8. Mai 1985“は歴史に残る名演説の１つとして有名。

リヒャルト・フォン・ヴァイツゼッカー元大統領は、2015年に94歳でベルリンで亡くなりました。彼はドイツでもっとも人気のある政治家の１人でした。

141

„Wissen Sie, dass man über das Internet gratis telefonieren kann?“

wissen*
[vísən]

動 ［他］**知っている**（過去 wusste　過分 gewusst）

ich	**weiß**	wir	wissen
du	**weißt**	ihr	wisst
er/sie/es	**weiß**	sie/Sie	wissen

Internet
[íntɐnɛt]

中 インターネット

■ **gratis** [gʁátɪs]

形 無料で、お金がかからずに、ただで

《「無料で」は他にumsonst、kostenlosともいう。》

■ **telefonieren** [telefoníːʁən]

動 [自]〈mit + 人³〉(人³と)電話する

(an|rufenとの使い分け➡ **Nr.68**)

Gestern habe ich mit ihr telefoniert.

昨日、私は彼女と電話で話した。

Hier darf man nicht telefonieren.

ここでは通話はしないでください。

電話関係の表現

Das Telefon klingelt.	電話がなる。
Ich lege (den Hörer) auf.	私は電話を切る。
Ich nehme den Hörer ab.	私は電話に出る。
Ich gehe ans Telefon.	私は電話に出る。

(文脈や状況で電話であることが明確ならIch gehe ran.)

Ich hinterlasse eine Nachricht auf dem Anrufbeantworter.

私は留守電にメッセージを残す。

「あなたは、インターネットでただで電話で話すことができることを知っていますか？」

▶ 142

Je mehr Personen dasselbe Verkehrsmittel benutzen, desto weniger Energie wird pro Kopf verbraucht.

■ **je ... desto ...** [jeː désto]

表現〈je + 比較級 + desto + 比較級〉…であるほど…である

〈文法コラム〉 je ... desto ... の語順

jeの節は従属節で定動詞は節の最後になる。

destoの節は、

1) 上記の例のように名詞に比較級が付加語としてついている場合は、それがdestoの直後に置かれ、その後に定動詞が配置される。

2) 比較級が述語用法の形容詞の場合は、〈desto＋形容詞比較級＋定動詞＋主語〉の順になる。
Je länger man am Computer arbeitet, desto schädlicher ist es für seine Augen.
コンピュータで長く仕事をすればするほど、目に害が大きい。
3) その他慣用的に
Je mehr, desto besser! 多ければ多いほどよい。

Person [pɛʁzóːn]
女 人（複 Personen）

dasselbe [daszɛ́lbə]
指示代 同一の、同じ
《das- の部分は定冠詞 der と同じ変化。つまり後続する名詞の性と格に応じて変化する。ここでは Verkehrsmittel が中性４格なので das-。-selb- の部分は形容詞の弱変化》
dieselbe Person　同一人物
derselbe Unterricht　同一授業

Verkehrsmittel [fɛɐkéːɐsmɪtəl]
中 交通手段（複 Verkehrsmittel）

benutzen [bənʊ́tsən]
動［他］使う、利用する

weniger [véːnɪɡɐ]
形（wenig の比較級）より少ない《weniger は名詞の直前に置かれる付加語用法でも格変化はしない。》

Energie [enɛʁɡíː]
女 エネルギー（複 Energien）

原発に変わるものとして推進される風力、地熱、水力などによる「再生可能エネルギー」は erneuerbare Energien または alternative Energien という。様々な種類が想定されるので、通常、複数形で用いられる。

Kopf [kɔpf]
男 頭、人数（複 Köpfe）　pro Kopf　１人当たり

verbrauchen [fɛɐbʁáʊxən]
動［他］消費する
☐ **Verbrauch(s)steuer** 女 消費税
☐ **Verbraucher** 男 消費者（複 Verbraucher）

多くの人が同じ交通機関を使うほど、1人当たりが消費するエネルギーは減少する。

143

Für die Umwelt wird auf jeden Fall die Nutzung des öffentlichen Verkehrs empfohlen.

■ **Umwelt** [ʊ́mvɛlt]

女 環境

☐ **Umweltschutz** 男 環境保護

☐ **Umweltpolitik** 女 環境政策

☐ **umweltfreundlich** 形 環境に優しい

☐ **umweltbewusst** 形 環境保護意識が高い

■ **Fall** [fal]

男 場合、状況（複 Fälle）

auf jeden Fall　いずれにしても、どんな場合でも、必ず

auf keinen Fall どんな場合でも決して…ない

■ **Nutzung** [nʊ́tsʊŋ]

女（普通は単数で）利用

■ **öffentlich** [œ́fəntlɪç]

形 公の、公共の（⇔ **privat** 形 個人的な、個人の）

■ **Verkehr** [fɛɐkéːɐ]

男 交通、往来、運輸

☐ **Verkehrsstau** 女 交通渋滞

☐ **Verkehrsmeldung** 女 ラジオの交通情報

☐ **Verkehrsregel** 女（複 Verkehrsregeln）（普通複数で）交通規則

■ **empfehlen*** [ɛmpféːlən]

動［他］〈人³に物・事⁴を〉勧める

（過去 empfahl 過分 empfohlen）

《物・事¹ ＋ wird empfohlen という受動態で「…が推奨される」》

ich	empfehle	wir	empfehlen
du	**empfiehlst**	ihr	empfehlt
er/sie/es	**empfiehlt**	sie/Sie	empfehlen

環境のために、どんな時でも公共交通の利用が勧められます。

144

Seit 1990 besteht Deutschland aus 16 Bundesländern. Die wirtschaftlichen Unterschiede zwischen den Ländern sind nach wie vor groß.

Deutschland [dɔ́ʏtʃlant] 中 ドイツ　正式国名は **Bundes Republik Deutschland** (BRD) ドイツ連邦共和国

bestehen* [bəʃtéːən] 動 [自]〈aus + 3格〉3格から成り立っている、…で構成されている (過去 bestand 過分 bestanden)

Die Mannschaft besteht aus 12 Spielern.
このチームは12人の選手で構成されている。

□ **Mannschaft** 女 チーム (複 Mannschaften)

Die Tasche besteht aus Papier.
このカバンは紙でできている。

Bundesland [bʊ́ndəslant] 中 連邦国家の州 (複 Bundesländer)

> 1990年に東西ドイツが統一し、旧西ドイツの11州に旧東ドイツの5州が加わる形となった。ドイツ統一からすでに30年近い歳月が流れたが、未だに経済格差は解消されていないと言われている。

wirtschaftlich [vɪ́ʁtʃaft] 形 経済的な

Unterschied [ʊ́ntɐʃiːt] 男 差異、違い (複 Unterschiede)

nach wie vor 表現 あいかわらず、依然として

1990年以降、ドイツは16の連邦州から成り立っている。州の間の経済的な格差は未だに大きい。

145

Der Eiffelturm ist hoch, aber der Tokyo-Tower ist höher als der Eiffelturm. Am höchsten ist der Tokyo-Skytree.

Eiffelturm [a͜ɪfəltʊʁm]

男 エッフェル塔

□ **Turm** 男 塔（複 Türme）

hoch [hoːx]

形 高い（比較 höher 最上 höchst- / am höchsten）

《hoch は原級でも付加語として用いる場合は c をとって hoh- となる。ein hoher Berg 高い山》

〈文法コラム〉 形容詞の比較級

２つのものの属性を比較して「より…である」という場合は、〈比較級 ＋ als ...〉を用いる。

（形容詞）Heute ist kälter als gestern.
今日は昨日より寒い。

（副詞）Mein Bruder schläft länger als ich.
私の兄（弟）は私より長く寝る。

比較級を強調するのは sehr ではなく viel。

Anne isst viel mehr als Mari.
アネはマリよりはるかにたくさん食べる。

〈文法コラム〉 形容詞の最上級

最上級は〈am ...sten〉と〈der/die/das ...ste〉の両方の形式が可能である。

述語用法または副詞用法の場合は〈am ...sten〉の形になる。

Der Tokyo-Skytree ist am höchsten.
東京スカイツリーはもっとも高い。

後ろの名詞を直接修飾する付加語用法の場合は原形の付加語用法の場合と同様に変化語尾をつける。（巻末：形容詞の格変化参照）

Der Tokyo-Skytree ist der höchste Fernsehturm.
東京スカイツリーはもっとも高い電波塔である。

形容詞の最上級は、一部の慣用表現を除き、通常は語尾なしでは使われないことに注意。辞書や参考書などの最上級の表記に höchst- のようにハイフンがついていることがよくあるが、これは後ろに必ず語尾がつくことを表している。

エッフェル塔は高いが、東京タワーのほうがエッフェル塔より高いです。もっとも高いのは東京スカイツリーです。

146

Die Luft ist so trocken, dass feuchte Tücher, die auf die Heizung gelegt werden, gleich trocknen.

- **Luft** [lʊft] — 女 空気
- **so ..., dass ...** — 表現 **あまりにも形なので…である**、…なほどに形である。
- **trocken** [tʁɔ́kən] — 形 **乾燥した**
- **feucht** [fɔɪ̯çt] — 形 **湿気を含んだ**、湿っぽい
- **Tuch** [tuːx] — 中 (用途のために加工された) **布切れ**、ハンカチ、タオルなど (複 Tücher)
  - □ **Taschentuch** 中 ハンカチ (複 Taschentücher)
  - □ **Handtuch** 中 ハンドタオル (複 Handtücher)
  - □ **Badetuch** 中 バスタオル (複 Badetücher)

ドイツではハンカチを持ち歩く習慣はなく、トイレには手を拭くための紙などが備え付けられている。ハンカチは鼻をかむのに使われることが多い。一方「ティッシュペーパー」にあたるドイツ語は、Papiertaschentuch (紙のハンカチ) といわれる。

■ **Heizung** [háɪtsʊŋ]
女 暖房、ヒーター（複 Heizungen）
□ **Klimaanlage** 女 エアコン、クーラー（複 Klimaanlagen）

■ **legen** [léːɡən]
動 [他]（横に）置く、のせる

■ **gleich** [ɡlaɪç]
副 すぐに、ただちに

■ **trocknen** [tʁɔ́knən]
動 [自] 乾く　―[他] 乾かす
Ich trockne die Wäsche. 私は洗濯物を乾かす。

空気があまりにも乾燥しているので、ヒーターの上に置いた濡れタオルがすぐに乾いてしまいます。

147

„Wenn ich nur im Lotto gewinnen würde!"

■ **wenn** [vɛn]
接続（従属）（非現実の願望文を導いて）もし…（ならばよいのになあ）

■ **Lotto** [lɔ́to]
中 ロト（数字の組み合わせによる宝くじ）

■ **gewinnen*** [ɡəvínən]
動 [自] 勝つ、（くじなどが）当たる
（過去 gewann　過分 gewonnen）

■ **würde** [vʏ́ʁdə]
動 [自] werdenの接続法Ⅱ式（非現実の用法）

〈文法コラム〉　接続法Ⅱ式②
この場合の接続法Ⅱ式は、実現の可能性がかなり低い、または事実と異なることを意味する。動詞がhabenの場合はhätte、seinの場合はwäreを使い、それ以外の動詞では習慣的に、würde＋「動詞の不定形」が用いられることが多い。
Wenn ich noch mehr Zeit hätte!
もっと時間があったらなあ。
An deiner Stelle würde ich das nicht machen.
私が君の立場なら、そんなことはしないだろうな。

「ロトが当たりさえすればなあ。」

148

> Die Feuerwehrleute bemühen sich um die Rettung der Opfer.
> Sie geben nicht leicht auf.

Feuerwehrleute 複 消防士（たち）
[fɔ͜ɪɐvéːɐlɔ͜ɪtə]

□ **Feuerwehr** 女（集合的に）消防隊
□ **Feuerwehrmann** 男（男の）消防士
（複 Feuerwehrmänner）
□ **Feuerwehrfrau** 女（女の）消防士
（複 Feuerwehrfrauen）

bemühen [bəmýːən]
動［再帰］〈*sich*⁴ um + 4格〉4格を得ようと努力する、…のために尽力する

Rettung [ʁɛ́tʊŋ]
女 救助、救出、避難、脱出
□ **Feuerwehrauto** 男 消防車
□ **Rettungswagen** 男 救急車

Opfer [ɔ́pfɐ]
中 犠牲、犠牲者（複 Opfer）

auf|geben* [áu̯fgeːbən]
動［他］あきらめる、放棄する、断念する
（過去 gab ... auf 過分 aufgegeben）
《aufgeben は他動詞だが「あきらめる」という意味で目的語なしでも用いられる。》
Ich habe das Rauchen aufgegeben. 私はタバコをやめた。

> 消防士たちは犠牲者を救出しようと尽力しています。彼らは簡単にはあきらめません。

149

Herr und Frau Fischer feiern am dritten März den 50. Hochzeitstag. Dies wird „die Goldene Hochzeit“ genannt und im Allgemeinen groß gefeiert.

■ **feiern** [fáɪɐn]
動 [他] 祝う
□ **Feiertag** 男 祝日（複 Feiertage）

■ **an** [an]
前（3・4格支配）…に接して、…際に
《am は an dem の融合形。日付で「…日に」という場合は序数を am ...en で囲む。》

〈文法コラム〉 日付の言い方
今日は何日ですか？
Den wievielten haben wir heute? または、
Der wievielte ist heute?
今日は10月３日です。
Heute ist *der dritte Oktober*.
私は10月３日にベルリンに行きます。
Ich fahre *am dritten Oktober* nach Berlin.

■ **Hochzeitstag** [hóːxtsaɪtstaːk]
男 結婚記念日

■ **Hochzeit** [hóːxtsaɪt]
女 結婚式
《「50回目の」というように序数で表現する場合、数字で書くときはピリオドをつける。am dritten März のように序数をスペルで書く場合はピリオドは不要。》

■ **golden** [gɔ́ldən]
形（付加語）金の、黄金の
《golden はもっぱら付加語として使われる。述語として「金色の」を表すのは goldfarbig。》

■ **nennen*** [nɛ́nən]
動 [他]〈4格を4格と〉名づける
（過去 nannte 過分 genannt）
Ich heiße Gabriela, aber man nennt mich Gabi.
私はガブリエラといいますが、ふつうガビとよばれます。

■ **allgemein** [algəmáɪn]

形 (im Allgemeinen の形で) 一般的に

フィッシャー夫妻は3月3日に50回目の結婚記念日を祝います。これ (結婚50周年) は金婚式と呼ばれ、一般的に盛大に祝われます。

▶ 150

Gestern war es zwar wolkig, aber die Temperatur ist auf 28 Grad gestiegen.

■ **zwar** [tsvaːʁ]

副 (aber とともに) 確かに…だがしかし

■ **wolkig** [vɔ́lkɪç]

形 曇りがちの

□ **regnerisch** 雨がちの、雨模様の

□ **sonnig** 晴れた、日当たりのよい

■ **Temperatur** [tɛmpəʁatúːɐ]

女 気温

Die Temperatur steigt/sinkt (auf + 温度).
気温が (…度に) 上がる／下がる。

■ **Grad** [gʁaːt]

男 (計量メモリの) 度、程度

《Grad は単位としては単複同形。気温をいう時は2度以上なら複数扱い。Es sind 18 Grad. 18度です。》

■ **steigen*** [ʃtáɪgən]

動 [自] (s) auf + 4格 + steigen …に上がる、登る

(過去 stieg 過分 gestiegen)

steigen は移動を表す場合は、上または下方向の両方に用いることができる。

Ich steige auf den Berg. 私は山に登る。
Ich steige hinab in den Keller. 私は地下室に降りる。

数値、程度などを表す場合はもっぱら上昇を意味する。

Der Preis steigt. 物価が上昇している。
Der Weg steigt. 道は上り坂だ。

昨日は曇りがちでしたが、気温は28度まで上昇しました。

151

„Ich habe für Sie einen Kalender aus Japan mitgebracht.“
„Ach, wie schön. Danke schön! Das wäre aber nicht nötig gewesen!“

■ **Kalender** [kaléndɐ]
男 カレンダー（複 Kalender）

■ **mit|bringen*** [mítbʁɪngən]
動 ［他］持ってくる、持参する
（過去 brachte ... mit　過分 mitgebracht）
《für Sie mitbringen「あなたのために持参する」と表現すれば、Souvenir 中「お土産」という単語を使う必要はない。》

■ **wie schön**
表現 なんてきれいな《wie＋形容詞の形で、「なんて…だろう」という感嘆文を作ることができる。他に、Wie schade!「なんて残念なことだろう」もよく使われる。前に ach や oh などの表現をつけるとより感情的になる。》

■ **nötig** [nø:tɪç]
形 必要な

〈文法コラム〉 nichtの位置③

受動文、話法の助動詞の文、完了形など、助動詞構文では、全文否定の場合、nicht は過去分詞または不定形の直前に置く。

受動文：Das Buch wird in Japan nicht verkauft.
その本は日本では販売されない。

話法の助動詞：Ich kann leider nicht kommen.
私は残念ながら行けません。

完了形：Ich habe gestern nicht geschlafen.
私は昨日寝なかった。

社交辞令的なやりとりは日本ほどないと思われがちだが、実際には様々な社交上の表現が交わされている。Das wäre nicht nötig gewesen. は接続法IIで、直訳すれば「これは必要ではなかったのに。」ということになる。実際に、必要ではないという意味ではなく、感謝し恐縮していることを表す1つの社交表現である。

「日本からあなたへのお土産にカレンダーを持ってきました。」
「まあ、なんてきれいなんでしょう。ありがとうございます。でもそんなに気をつかっていただく必要はなかったんですよ。」

152

Wir überlegen uns noch, wo wir in Hamburg übernachten sollen. Mein Mann möchte in der Stadtmitte wohnen, aber ich möchte lieber außerhalb der Stadt übernachten.

überlegen [yːbɐléːgən]
動 [他] 〈(*sich*[3]) 物・事[4]〉 物・事[4] **を熟慮する**、よく考える

übernachten [yːbɐnáxtən]
動 [自] **宿泊する**、夜を過ごす

「宿泊する」は「夜を越える」という意味で übernachten が一般的に使われる。ホテルなどで「1泊いくら」などという場合も 80 Euro pro Nacht「1晩80ユーロ」というように Nacht「夜」という表現を単位として用いるのが一般的。ホテルなどの滞在は übernachten の他、wohnen や bleiben も用いられる。

Stadtmitte [ʃtátmɪtə]
女 **町の中心**、都心
in der Stadtmitte 町中に

lieber [líːbɐ]
副 (gern の比較級) **むしろ…を好む**

■ **außerhalb** [áʊsɐhalp]

前 （2格支配）…の外（側）で
後ろにvonをともなうこともある。
außerhalb von Münster ミュンスターの郊外で
《↔ **innerhalb** 前「…の内（側）で」。なおinnerhalbは数詞をともなって「…（の期間）以内に」という意味でもよく用いられる。innerhalb (von) 2 Wochen「2週間以内に」》

私たちは、ハンブルクでどこに宿泊すべきかまだ考えている。夫は町中に泊まりたいと思っているが、私はむしろ町の外に宿をとりたい。

153

„Das ist nicht mein Fehler. Mit der Vorbereitung der Ausstellung habe ich nichts zu tun."
„Wer ist dann daran schuld? Jemand muss die Verantwortung übernehmen."

■ **Fehler** [féːlɐ]

男 失敗、間違い（複 Fehler）
Ich habe Fehler gemacht. 私は失敗してしまった。

■ **Vorbereitung** [fóːɐbəraɪtʊŋ]

女 準備（複 Vorbereitungen）
für + 4格 + vor|bereiten　準備する
Ich habe für die Prüfung gut vorbereitet.
　私は試験の準備を十分にした。

■ **Ausstellung** [áʊsʃtɛlʊŋ]

女 展示会、展覧会（複 Ausstellungen）

■ **tun** [tuːn]

動 ［他］行う、する
〈mit + 3格 + nichts/etwas/viel zu tun haben〉
　…と関係がある
Ich habe mich mit ihr nichts/etwas/viel zu tun
　私は彼女とは関係がない／いくらかある／たくさんある。
etwas/nichts zu tun haben
　やることがある・ない
Ich habe nichts/etwas/viel zu tun.
　私はやることがない／いくらかある／たくさんある。

■ **schuld** [ʃʊlt]
形 〈an + 3格 + schuld sein〉 …に責任がある

■ **jemand** [jéːmant]
不定代 誰か、ある人

1	*jemand*
2	jemandes
3	jemandem
4	jemanden

《「誰も…ない」は niemand 不定代。変化は jemand と同じ。》

Ich habe niemanden getroffen.
私は誰にも会わなかった。

Niemand ist da. ここには誰もいない。

■ **Verantwortung** [fɛɐ̯ántvɔʁtʊŋ]
女 責任 (複 Verantwortungen)

様々な関連表現

für + 4格 + verantwortlich sein　…に責任がある

Ich bin für meine Schüler *verantwortlich*.
私は自分の生徒に責任がある。

Er arbeitet *verantwortungsbewusst*.
彼は責任感を持って働いている。

■ **übernehmen*** [yːbɐnéːmən]
動 [他] 引き受ける、引き継ぐ
(過去 übernahm 過分 übernommen)

「これは私のミスではありません。私は展覧会の準備には関わっていません。」
「では誰に責任があるのですか？ 誰かが責任を取らなければなりません。」

154

„Gib die Hoffnung nicht einfach auf.　Versuch es noch einmal!"

■ **auf|geben*** [áʊ̯fgeːbən]
動 [他] (やりかけたことを) あきらめる、途中で断念する
(過去 gab ... auf 過分 aufgegeben)

Hoffnung [hɔ́fnʊŋ]
女 希望、期待（複 Hoffnungen）

einfach [áɪnfax]
形 簡単な、単純な

einfachはもともと「単一の、一重の」の意味。電車の片道切符はeine einfache Fahrtという。鉄道の窓口で切符を買うと、einfach oder hin und zurück?「片道ですか、往復ですか？」とたいてい聞かれる。

versuchen [fɛɐzúːxən]
動［他］試みる、試す
Ich habe alles mögliche versucht.
　私はできることはすべてやりました。

「希望を簡単に捨ててはだめだよ。もう1度やってみて！」

155

„Dürfte ich Sie um Ihre Hilfe bitten?"

dürfte [dʏ́ʁftə]
助動 dürfenの接続法II式（婉曲な依頼）

bitten* [bítən]
動［他］〈人⁴ ＋um＋ 物・事⁴〉（人に物・事を）頼む、お願いする（過去 bat　過分 gebeten）

「どうぞ」などの意味で使われるbitteは元々はこの動詞に由来する。bittenを使った表現はかなり改まった印象がする。習慣的な表現も多い。
　Ich bitte Sie um Verständnis.
　　どうかご理解をお願いいたします。
　Darf ich Sie um Ihren Namen bitten?
　　恐れ入りますがお名前を教えていただけますか？
　Darf ich Sie um einen Gefallen bitten?
　　ちょっとお願い事をしてもよろしいでしょうか？

Hilfe
[hílfə]

女 助け、助力 (複 Hilfen)

「手伝いをお願いしてもよろしいでしょうか？」

変 化 表

I．冠詞(類)

1) 不定冠詞・否定冠詞・所有冠詞

不定冠詞 ein

	男性	女性	中性
1	ein Tisch	eine Uhr	ein Buch
2	eines Tisch[e]s	einer Uhr	eines Buch[e]s
3	einem Tisch	einer Uhr	einem Buch
4	einen Tisch	eine Uhr	ein Buch

* 不特定のものは複数形では無冠詞になる。

否定冠詞 kein

	男性	女性	中性	複(各性共通)
1	kein Tisch	keine Uhr	kein Buch	keine Bücher
2	keines Tisch[e]s	keiner Uhr	keines Buch[e]s	keiner Bücher
3	keinem Tisch	keiner Uhr	keinem Buch	keinen Büchern
4	keinen Tisch	keine Uhr	kein Buch	keine Bücher

所有冠詞

mein 私の

	男性	女性	中性	複(各性共通)
1	mein Vater	meine Mutter	mein Kind	meine Kinder
2	meines Vaters	meiner Mutter	meines Kind[e]s	meiner Kinder
3	meinem Vater	meiner Mutter	meinem Kind	meinen Kindern
4	meinen Vater	meine Mutter	mein Kind	meine Kinder

dein 君の

	男性	女性	中性	複(各性共通)
1	dein Vater	deine Mutter	dein Kind	deine Kinder
2	deines Vaters	deiner Mutter	deines Kind[e]s	deiner Kinder
3	deinem Vater	deiner Mutter	deinem Kind	deinen Kindern
4	deinen Vater	deine Mutter	dein Kind	deine Kinder

Ihr あなたの / あなたたちの

	男性	女性	中性	複(各性共通)
1	Ihr Vater	Ihre Mutter	Ihr Kind	Ihre Kinder
2	Ihres Vaters	Ihrer Mutter	Ihres Kind[e]s	Ihrer Kinder
3	Ihrem Vater	Ihrer Mutter	Ihrem Kind	Ihren Kindern
4	Ihren Vater	Ihre Mutter	Ihr Kind	Ihre Kinder

sein 彼の / それの

	男性	女性	中性	複(各性共通)
1	sein Vater	seine Mutter	sein Kind	seine Kinder
2	seines Vaters	seiner Mutter	seines Kind[e]s	seiner Kinder
3	seinem Vater	seiner Mutter	seinem Kind	seinen Kindern
4	seinen Vater	seine Mutter	sein Kind	seine Kinder

ihr 彼女の / 彼らの

	男性	女性	中性	複（各性共通）
1	ihr Vater	ihre Mutter	ihr Kind	ihre Kinder
2	ihres Vaters	ihrer Mutter	ihres Kind[e]s	ihrer Kinder
3	ihrem Vater	ihrer Mutter	ihrem Kind	ihren Kindern
4	ihren Vater	ihre Mutter	ihr Kind	ihre Kinder

unser 私たちの

	男性	女性	中性	複（各性共通）
1	unser Vater	uns[e]re Mutter	unser Kind	uns[e]re Kinder
2	uns[e]res Vaters	uns[e]rer Mutter	uns[e]res Kind[e]s	uns[e]rer Kinder
3	uns[e]rem Vater	uns[e]rer Mutter	uns[e]rem Kind	uns[e]ren Kindern
4	uns[e]ren Vater	uns[e]re Mutter	unser Kind	uns[e]re Kinder

euer きみたちの

	男性	女性	中性	複（各性共通）
1	euer Vater	eu[e]re Mutter	euer Kind	eu[e]re Kinder
2	eu[e]res Vaters	eu[e]rer Mutter	eu[e]res Kind[e]s	eu[e]rer Kinder
3	eu[e]rem Vater	eu[e]rer Mutter	eu[e]rem Kind	eu[e]ren Kindern
4	eu[e]ren Vater	eu[e]re Mutter	euer Kind	eu[e]re Kinder

2) 定冠詞・指示代名詞・疑問代名詞

定冠詞 der

	男性	女性	中性	複（各性共通）
1	der Tisch	die Uhr	das Buch	die Bücher
2	des Tisch[e]s	der Uhr	des Buch[e]s	der Bücher
3	dem Tisch	der Uhr	dem Buch	den Büchern
4	den Tisch	die Uhr	das Buch	die Bücher

指示代名詞 dieser

	男性	女性	中性	複（各性共通）
1	dieser Tisch	diese Uhr	dieses Buch	diese Bücher
2	dieses Tisch[e]**s**	dieser Uhr	dieses Buch[e]**s**	dieser Bücher
3	diesem Tisch	dieser Uhr	diesem Buch	diesen Bücher**n**
4	diesen Tisch	diese Uhr	dieses Buch	diese Bücher

疑問代名詞 welcher

	男性	女性	中性	複（各性共通）
1	welcher Tisch	welche Uhr	welches Buch	welche Bücher
2	welches Tisch[e]**s**	welcher Uhr	welches Buch[e]**s**	welcher Bücher
3	welchem Tisch	welcher Uhr	welchem Buch	welchen Bücher**n**
4	welchen Tisch	welche Uhr	welches Buch	welche Bücher

II．名詞・代名詞

1）特殊な変化をする名詞

男性名詞の中には単数1格以外 -[e]n になるなど特殊に変化する名詞がいくつかある。

Name 名前

	単数	複数
1	Name	Name**n**
2	Name**ns**	Name**n**
3	Name**n**	Name**n**
4	Name**n**	Name**n**

Mensch 人間

	単数	複数
1	Mensch	Mensch**en**
2	Mensch**en**	Mensch**en**
3	Mensch**en**	Mensch**en**
4	Mensch**en**	Mensch**en**

Junge 少年

	単数	複数
1	Junge	Junge**n**
2	Junge**n**	Junge**n**
3	Junge**n**	Junge**n**
4	Junge**n**	Junge**n**

Student （男子）学生

	単数	複数
1	Student	Student**en**
2	Student**en**	Student**en**
3	Student**en**	Student**en**
4	Student**en**	Student**en**

Herr ～氏、さん

	単数	複数
1	Herr	Herr**en**
2	Herr**n**	Herr**en**
3	Herr**n**	Herr**en**
4	Herr**n**	Herr**en**

Kollege 同僚（男性）

	単数	複数
1	Kollege	Kollege**n**
2	Kollege**n**	Kollege**n**
3	Kollege**n**	Kollege**n**
4	Kollege**n**	Kollege**n**

＊複数は各性共通

2）人称代名詞

	単数					複数			単複
	1人称	2人称	3人称			1人称	2人称	3人称	2人称（敬称）
1	ich	du	er	sie	es	wir	ihr	sie	Sie
3	mir	dir	ihm	ihr	ihm	uns	euch	ihnen	Ihnen
4	mich	dich	ihn	sie	es	uns	euch	sie	Sie

※現代ドイツ語では人称代名詞の２格はほとんど使われない。

3）再帰代名詞

	単数					複数			単複
	1人称 (ich)	2人称 (du)	3人称 (er / sie / es)			1人称 (wir)	2人称 (ihr)	3人称 (sie)	2人称（敬称）(Sie)
3	mir	dir	sich	sich	sich	uns	euch	sich	sich
4	mich	dich	sich	sich	sich	uns	euch	sich	sich

Ⅲ．形容詞

1）形容詞の格変化

名詞の前にくる冠詞（類）、形容詞は格と性の表示に関与する。一見複雑なようにみえるが、基本ルールとして覚えておきたいのは、性と格の表示は定冠詞の形が規範となるということである。冠詞による表示が不完全な場合などに、形容詞が加わって表示の役割を担う。以下のルールをおさえておけば無意味に暗記しなければならない負担は多少でも軽減できる。

①語尾には最低限でも－eがつく。

②男性４格はいつでも－en。

③冠詞（類）がある場合は名詞の性にかかわらず単数２・３格、そして複数はすべて－en。

④その他、冠詞が同形で区別がつかない場合（混合変化：男性１格、中性１・４格）は形容詞が強変化して区別の役割を果たす。

⑤無冠詞では名詞が変化している場合（男性・中性２格、複数３格）は形容詞は－enになるが、その他は定冠詞と同様の強変化をして格と性を表す。

（参考：定冠詞）

	男	女	中	複
1	der	die	das	die
2	des	der	des	der
3	dem	der	dem	den
4	den	die	das	die

Ⓐ 混合変化 不定冠詞（類）＋形容詞＋名詞

	男性	女性	中性	複（各性共通）
1	ein roter Tisch	eine kleine Uhr	ein dickes Buch	meine dicken Bücher
2	eines roten Tisch[e]s	einer kleinen Uhr	eines dicken Buch[e]s	meiner dicken Bücher
3	einem roten Tisch	einer kleinen Uhr	einem dicken Buch	meinen dicken Büchern
4	einen roten Tisch	eine kleine Uhr	ein dickes Buch	meine dicken Bücher

＊男性１格と女性・中性の１・４格以外は－en。

＊不特定のものが複数で用いられる場合は無冠詞となり、Ⓒの変化となる。

Ⓑ 弱変化 定冠詞（類）＋形容詞＋名詞

	男性	女性	中性	複（各性共通）
1	der rote Tisch	die kleine Uhr	das dicke Buch	die dicken Bücher
2	des roten Tisch[e]s	der kleinen Uhr	des dicken Buch[e]s	der dicken Bücher
3	dem roten Tisch	der kleinen Uhr	dem dicken Buch	den dicken Büchern
4	den roten Tisch	die kleine Uhr	das dicke Buch	die dicken Bücher

＊男性１格と女性・中性の１・４格以外は－en。

Ⓒ 強変化 形容詞＋名詞

	男性	女性	中性	複（各性共通）
1	guter Wein	gute Musik	gutes Brot	gute Bücher
2	guten Wein[e]s	guter Musik	guten Brot[e]s	guter Bücher
3	gutem Wein	guter Musik	gutem Brot	guten Büchern
4	guten Wein	gute Musik	gutes Brot	gute Bücher

＊名詞が変化している男性・中性２格と複数３格は－en。

2) 形容詞の名詞化

形容詞を名詞として使うほか、形容詞に由来し語彙に定着した名詞があり、いずれも以下の変化規則に従う。男性名詞と女性名詞、複数名詞はそれぞれ人間の男性・女性・複数を表し、中性名詞はその形容詞の特徴を持った事物を表す。変化の形は形容詞の格変化と同じ。

人間を表す場合(例:形容詞 deutsch)

	男性単数		女性単数	
	そのドイツ人(男)	あるドイツ人(男)	そのドイツ人(女)	あるドイツ人(女)
1	der Deutsche	ein Deutscher	die Deutsche	eine Deutsche
2	des Deutschen	eines Deutschen	der Deutschen	einer Deutschen
3	dem Deutschen	einem Deutschen	der Deutschen	einer Deutschen
4	den Deutschen	einen Deutschen	die Deutsche	eine Deutsche

＊男性1格と女性1・4格以外は－en。

	複数(各性共通)	
	そのドイツ人たち	ドイツ人たち
1	die Deutschen	Deutsche
2	der Deutschen	Deutscher
3	den Deutschen	Deutschen
4	die Deutschen	Deutsche

＊定冠詞がついた場合は全て－en。

もの・ことを表す場合(例:形容詞 neu)

	中性単数	
	その新しいこと・もの	何か新しいこと・もの
1	das Neue	etwas Neues
2	des Neuen	(なし)
3	dem Neuen	etwas Neuem
4	das Neue	etwas Neues

＊無冠詞の場合は etwas の他、viel、nichts、alles などとともに使われることが多い。

Ⅳ. 動詞

動詞はいわゆる辞書に載っている原形を不定形といい、ほとんどの場合ーenの語尾になっている。つまりkommenの場合、kommが語幹でenが語尾となる。
動詞は主語に応じて語尾の部分が変化する。その際、語幹が変化しないタイプの動詞を規則動詞、語幹にも変化がある動詞を不規則動詞という。

1) 規則動詞

	人称代名詞	定形	語尾
単数	1人称 ich	spiele	—e
	2人称 du	spielst	—st
	3人称 er/sie/es	spielt	—t
複数	1人称 wir	spielen	—en
	2人称 ihr	spielt	—t
	3人称 sie	spielen	—en
単複	2人称※ Sie	spielen	—en

※2人称のSieは単数・複数同形

口調上の調整がある動詞

以下の動詞は人称変化の際、語尾に部分的に音が加わったり省かれたりする調整がある。規則動詞、不規則動詞を問わず調整による変化があるので注意が必要だが、変化が起こるのは一定の語幹を持つものと決まっているのでルールを知れば問題はない。

① eが入るタイプ

語幹の最後がーtやーdで終わる動詞、その他若干の動詞では、duとer/sie/es、ihrの変化で口調上のeが入る。

	arbeiten (働く)	finden (見つける)	öffnen (開ける)
ich	arbeite	finden	öffnen
du	arbeitest	findest	öffnest
er/sie/es	arbeitet	findet	öffnet
wir	arbeiten	finden	öffnen
ihr	arbeitet	findet	öffnet
sie/Sie	arbeiten	finden	öffnen

② sを省くタイプ
語幹がs/ss/ß/z/tzなどで終わるものはduの変化語尾はstではなくtとなる。その結果、duの動詞の形がer/sie/es（規則動詞ではihrも）と同じ形になる。

	heißen （～という名前である）	tanzen （踊る）	sitzen （座る）
ich	heiße	tanzen	sitzen
du	heißt	tanzt	sitzt
er/sie/es	heißt	tanzt	sitzt
wir	heißen	tanzen	sitzen
ihr	heißt	tanzt	sitzt
sie/Sie	heißen	tanzen	sitzen

2) 不規則動詞
不規則動詞は語幹にも人称による変化があるタイプである。多くの動詞はduとer/sie/esで不規則な変化となるが、いくつかの動詞では全ての人称で不規則な変化になるものがある。

① sein、haben、werden
これらの動詞は受動態や、完了形などの助動詞としても用いられ、使用頻度が高い重要動詞である。

sein ～である

ich	**bin**	wir	**sind**
du	**bist**	ihr	**seid**
er/sie/es	**ist**	sie/Sie	**sind**

haben ～を持っている

ich	habe	wir	haben
du	**hast**	ihr	habt
er/sie/es	**hat**	sie/Sie	haben

werden ～になる

ich	werde	wir	werden
du	**wirst**	ihr	werdet
er/sie/es	**wird**	sie/Sie	werden

② a ➡ ä　タイプ

fahren (乗り物で) 行く

ich	fahre	wir	fahren
du	**fährst**	ihr	fahrt
er/sie/es	**fährt**	sie/Sie	fahren

fallen 落ちる

ich	falle	wir	fallen
du	**fällst**	ihr	fallt
er/sie/es	**fällt**	sie/Sie	fallen

halten 止まる、とめる

ich	halte	wir	halten
du	**hältst**	ihr	haltet
er/sie/es	**hält**	sie/Sie	halten

lassen させる

ich	lasse	wir	lassen
du	**lässt**	ihr	lasst
er/sie/es	**lässt**	sie/Sie	lassen

laufen 走る

ich	laufe	wir	laufen
du	**läufst**	ihr	lauft
er/sie/es	**läuft**	sie/Sie	laufen

schlafen 寝ている

ich	schlafe	wir	schlafen
du	**schläfst**	ihr	schlaft
er/sie/es	**schläft**	sie/Sie	schlafen

tragen 運ぶ、着る、身につける

ich	trage	wir	tragen
du	**trägst**	ihr	tragt
er/sie/es	**trägt**	sie/Sie	tragen

waschen 洗う

ich	wasche	wir	waschen
du	**wäschst**	ihr	wascht
er/sie/es	**wäscht**	sie/Sie	waschen

③ e ➡ i　またはieタイプ

essen 食べる

ich	esse	wir	essen
du	**isst**	ihr	esst
er/sie/es	**isst**	sie/Sie	essen

geben 渡す、与える

ich	gebe	wir	geben
du	**gibst**	ihr	gebt
er/sie/es	**gibt**	sie/Sie	geben

helfen 手助けする

ich	helfe	wir	helfen
du	**hilfst**	ihr	helft
er/sie/es	**hilft**	sie/Sie	helfen

nehmen とる、利用する

ich	nehme	wir	nehmen
du	**nimmst**	ihr	nehmt
er/sie/es	**nimmt**	sie/Sie	nehmen

※ e が i に変わるだけでなく、不規則な変化をするので要注意。

sprechen 話す

ich	spreche	wir	sprechen
du	**sprichst**	ihr	sprecht
er/sie/es	**spricht**	sie/Sie	sprechen

treffen 偶然会う、当たる

ich	treffe	wir	treffen
du	**triffst**	ihr	trefft
er/sie/es	**trifft**	sie/Sie	treffen

werfen 投げる

ich	werfe	wir	werfen
du	**wirfst**	ihr	werft
er/sie/es	**wirft**	sie/Sie	werfen

empfehle 勧める

ich	empfehle	wir	empfehlen
du	**empfiehlst**	ihr	empfehlt
er/sie/es	**empfiehlt**	sie/Sie	empfehlen

lesen 読書する、読む

ich	lese	wir	lesen
du	**liest**	ihr	lest
er/sie/es	**liest**	sie/Sie	lesen

sehen 見る、見える

ich	sehe	wir	sehen
du	**siehst**	ihr	seht
er/sie/es	**sieht**	sie/Sie	sehen

④ **wissen**

wissenは独自の変化をする。ichとer/sie/esで語尾がなく、結果として同形になっていることに注意。この変化は動詞の過去人称変化や話法の助動詞とも共通する。

wissen 知っている

ich	**weiß**	wir	wissen
du	**weißt**	ihr	wisst
er/sie/es	**weiß**	sie/Sie	wissen

分離動詞（不規則動詞）

不規則動詞を語幹にもつ分離動詞は、同様に不規則な変化となる。

ab|fahren 出発する

ich	fahre ... ab	wir	fahren ... ab
du	**fährst ... ab**	ihr	fahrt ... ab
er/sie/es	**fährt ... ab**	sie/Sie	fahren ... ab

an|fangen 始まる、始める

ich	fange ... an	wir	fangen ... an
du	**fängst ... an**	ihr	fangt ... an
er/sie/es	**fängt ... an**	sie/Sie	fangen ... an

aus|sehen 〜のように見える

ich	sehe ... aus	wir	sehen ... aus
du	**siehst ... aus**	ihr	seht ... aus
er/sie/es	**sieht ... aus**	sie/Sie	sehen ... aus

fern|sehen テレビを見る

ich	sehe ... fern	wir	sehen ... fern
du	**siehst ... fern**	ihr	seht ... fern
er/sie/es	**sieht ... fern**	sie/Sie	sehen ... fern

teil|nehmen ～に参加する

ich	nehme ... teil	wir	nehmen ... teil
du	**nimmst ... teil**	ihr	nehmt ... teil
er/sie/es	**nimmt ... teil**	sie/Sie	nehmen ... teil

vor|haben ～を予定する

ich	habe ... vor	wir	haben ... vor
du	**hast ... vor**	ihr	habt ... vor
er/sie/es	**hat ... vor**	sie/Sie	haben ... vor

3) 話法の助動詞と möchte

話法の助動詞は単数で全て不規則になる。また１人称と３人称単数で語尾がなく、同形になることに注意。

dürfen ～してもよい

ich	**darf**	wir	dürfen
du	**darfst**	ihr	dürft
er/sie/es	**darf**	sie/Sie	dürfen

können ～できる

ich	**kann**	wir	können
du	**kannst**	ihr	könnt
er/sie/es	**kann**	sie/Sie	können

müssen ～しなければならない

ich	**muss**	wir	müssen
du	**musst**	ihr	müsst
er/sie/es	**muss**	sie/Sie	müssen

sollen ～すべきだ、～ということだ

ich	**soll**	wir	sollen
du	**sollst**	ihr	sollt
er/sie/es	**soll**	sie/Sie	sollen

wollen ～するつもりだ

ich	**will**	wir	wollen
du	**willst**	ihr	wollt
er/sie/es	**will**	sie/Sie	wollen

möchte ～したい

ich	möchte	wir	möchten
du	möchtest	ihr	möchtet
er/sie/es	möchte	sie/Sie	möchten

※ möchteは文法的には話法の助動詞の不定形ではなく、話法の助動詞mögenの接続法Ⅱ式の形である。現代ドイツ語では広く使われ、会話での使用頻度はmögenより高いので、こちらの形を挙げる。

4) 過去人称変化

動詞の過去形は「過去基本形」に語尾をつけて作る。過去基本形は規則動詞では語幹＋teの形である。不規則動詞の過去基本形はその都度、辞書などで確認すること。

例) 不定形：spielen　過去基本形：spielte

	人称代名詞	定形	語尾
単数	1人称 ich	spielte	—
	2人称 du	spielte**st**	**—st**
	3人称 er/sie/es	spielte	—
複数	1人称 wir	spielte**n**	**—(e)*n**
	2人称 ihr	spielte**t**	**—t**
	3人称 sie	spielte**n**	**—(e)*n**
単複	2人称※ Sie	spielte**n**	**—(e)*n**

* 過去基本形が-eで終わる場合はnのみをつける。

まずはこれだけ！ 動詞の使い方

動詞はどのような目的語を取るかなどが一つ一つ決まっています。和訳だけ覚えてもその文法的組み合わせを知らなければ正しい文を作ることができませんし、読むときも意味を取り違える可能性があります。その意味で、動詞の学習においては、簡単な例文とともに覚えることが有効です。自動詞と他動詞という区別は必ずしも万能ではありませんが、これを知っていると、その動詞が４格の目的語を取るかどうかという判断、完了形でseinを助動詞に取る可能性があるかどうか（他動詞はすべてhaben支配）などの基本的な判断をする時に意外と役に立ちます。

ここでは初級に必要かつ十分な使い方を挙げましたが、実際には他にもたくさんの意味や使い方があり、その都度目的語や前置詞との組み合わせが異なる場合があります。詳しい用法については辞書を参照してください。なお自動詞・他動詞の分類は本書の例文で用いたものを中心に記載しています。本書の中で同じ動詞が自・他両方で用いられる場合は両方の表に取り上げています。

[方向]：nach ～、zu～、または３・４格支配の前置詞＋４格など
[様態]：wie～、または形容詞
[場所]：hier、dortなどの場所の副詞、3・4格支配の前置詞＋３格など
(s)：sein支配
*：不規則動詞
[無印]＝第１部
waschen ＝第２部

I．自動詞

動詞	文法	例文
ab|fahren* (s) 出発する	(von / in [場所])	Der Zug **fährt** von Gleis 2 **ab**. 電車は２番線から出発する。
an|fangen* 始まる とりかかる	1) [物・事]^{1} 2) mit [物・事]^{3}	Die Vorlesung **fängt** jetzt **an**. 講義は今、始まる。 Ich **fange** mit dem Kochen **an**. 私は料理を始める。
an|kommen* (s) 到着する	[場所]	Der Bus **kommt** vor dem Rathaus **an**. バスは市役所の前に停まる。
arbeiten 働く、作業する		Sie **arbeitet** 7 Stunden am Tag. 彼女は１日に７時間働く。

156

	auf|hören やめる	mit [物・事]^{3}	Sie hat vor einem Jahr mit der Arbeit **aufgehört**. 彼女は1年前に仕事をやめた。
157	**auf|passen** 注意を払う、気を配る	auf [人・物・事]^{4}	Kannst du auf meine Tasche **aufpassen**? 私のカバンを見ていてくれる？
	auf|stehen* (s) 起きる		Meine Mutter **steht** immer früh **auf**. 私の母はいつも早く起きる。
	aus|sehen* ～のように見える	[様態]	Er **sieht** sehr glücklich **aus**. 彼はとても幸せそうに見える。
	aus|steigen* (s) 降りる	(aus [乗り物])	Die Schüler **steigen** aus dem Bus **aus**. 生徒たちはバスから降りる。
	beginnen* 始まる とりかかる	1) [物・事]^{1} 2) mit [物・事]^{3}	Die mündliche Prüfung **beginnt**. 口頭試験が始まる。 Sie **beginnt** mit der Arbeit. 彼女は仕事を始める。
158	**bestehen*** ～から成り立っている	aus [人・物・事]^{3}	Die Mannschaft **besteht** aus 12 Spielern. チームは12人の選手から成っている。
	bleiben* (s) 滞在する	[場所]	Die Familie ist im Sommer an der Nordsee **geblieben**. 家族は夏に北海の海辺に滞在した。
	danken 感謝する	[人]^{3} für [物・事]^{4}	Ich **danke** Ihnen für Ihre Antwort. 返事をいただいてありがとうございます。
	denken* 考える、気にかける	an [人・物・事]^{4}	Sie sollten mehr an Ihre Gesundheit **denken**. あなたはもっと自分の健康を考えなければなりませんよ。
	durch|fallen* (s) 落ちる、落第する	(in / bei [事]^{3})	Ich bin bei der Prüfung **durchgefallen**. 私は試験に落ちてしまった。
159	**ein|steigen*** (s) 乗り込む	in [乗り物]^{4}	**Steigen** Sie schnell in den Zug **ein**! 急いで電車に乗ってください。
	fahren* (s) (乗り物で) 行く	([方向])	Wir **fahren** mit dem Auto in die Berge. 私たちは車で山に行く。
	fallen* (s) 落ちる、崩壊する		Der Apfel **fällt** auf die Erde. りんごが地面に落ちる。
	fehlen 欠席する 不足している	1) ([場所]) 2) [人]^{3} an [物・事]^{3}	Er hat heute in der Schule **gefehlt**. 彼は今日、学校を休んだ。 Mir **fehlt** es an Mut. 私には勇気がない。

fern|sehen* テレビを見る		Meine Kinder **sehen** gern **fern**. 私の子どもたちはテレビが好きだ。	
fliegen* (s) (乗り物で) 飛ぶ	([方向])	Am Sonntag **fliegt** sie wieder in die Schweiz. 日曜日に彼女は再びスイスに飛ぶ。	160
frühstücken 朝食をとる		Ich **frühstücke** nur selten. 私はめったに朝食を食べない。	
funktionieren 機能する、作動する		Der Computer **funktioniert** nicht gut. コンピュータがうまく作動しない。	
gefallen* 気に入る	[人]^3	Dieser Gürtel **gefällt** meinem Mann sehr gut. 夫はこのベルトをとても気に入っている。	
gehen* (s) (歩いて) 行く	([方向])	**Gehen** wir zusammen ins Theater! 一緒に劇を見に行こう。	
gehören ～のものだ	[人]^3	Das alte Radio **gehört** meinem Onkel. この古いラジオは私のおじのものだ。	161
gewinnen 勝つ、クジが当たる		Ich habe im Lotto **gewonnen**. 私は宝くじにあたった。	
halten* 止まる	([場所])	Der Bus **hält** neben der Bank. バスは銀行の隣りに停車する。	
hängen* ぶら下がっている	([場所])	Die Uhr **hängt** an der Wand. 時計が壁にかかっている。	
heißen ～という名前だ		Wie **heißen** Sie? - Ich **heiße** Alex Meier. お名前はなんですか。 私はアレックス・マイヤーといいます。	
helfen* 手を貸す	[人]^3	Ich **helfe** dir. 手伝うよ。	162
klingen 聞こえる、感じられる	[形] (様態)	Das **klingt** gut. それはよさそうだね。	
kochen 料理する		Er **kocht** jeden Abend für seine Frau. 彼は毎晩、妻のために料理する。	
kommen* (s) 来る		Wie **komme** ich zum Hotel Kaiserhof? カイザーホーフ・ホテルにはどうやって行ったらいいのでしょうか。	
laufen* (s) 走る、歩く		Bis zur Stadtmitte **läufst** du nur 10 Minuten. 街の中心まで歩いてたったの10分だよ。	
leben 生きる、暮らす		Im Zoo **leben** Tiere aus aller Welt. 動物園には世界中の動物が暮らしている。	163

liegen* (横になって) ある	場所	Viele Menschen **liegen** gern in der Sonne. 多くの人々は日光浴を好む。
parken 駐車する	場所	Wo kann man **parken**? どこに駐車したらいいですか。
passen (サイズが) あう	人^3	Der Rock **passt** mir nicht. このスカートは私にはサイズが合わない。
rauchen タバコを吸う		Hier darf man nicht **rauchen**. ここではタバコを吸ってはいけません。
164 **regnen** 雨が降っている		Seit gestern **regnet** es. 昨日から雨が降っている。
reichen 足りる、まにあう	(für 物・事^4 / zu 物・事^3)	Das Brot **reicht** für drei Tage. このパンは3日分に十分だ。
reisen (s) 旅行する	(方向) / (場所)	Mein Sohn **reist** gerade in Europa. 私の息子はちょうどヨーロッパを旅行している。
scheinen* ～のように思われる	人^3	Mir **scheint** alles in Ordnung zu sein. 全てはうまくいっているように思われる。
schlafen* 寝ている		Sonntags **schläft** er immer lang. 日曜日は彼はいつも長く寝ている。
165 **schmecken** 味がする、おいしい	人^3	Der Kuchen **schmeckt** mir nicht gut. このケーキはあまりおいしくない。
schwimmen* (h/s) 泳ぐ		Er **schwimmt** jeden Tag 2 Kilometer. 彼は毎日2キロ泳ぐ。
sein* (s) ～である		Meine Schwester **ist** Studentin. 私の姉は学生だ。
singen* 歌う		Sie **singt** sehr gut. 彼女はとても歌がうまい。
sitzen* 座っている	場所	Das Kind **sitzt** auf dem Stuhl. 子どもが椅子に座っている。
166 **sparen** お金を貯める		Ich **spare** für ein neues Auto. 私は新しい車を買うためにお金を貯めている。
spazieren|gehen* (s) 散歩する		Ich möchte jetzt **spazierengehen**. 私は今、散歩に行きたいのですが。
spielen 遊ぶ	(場所) (mit 物^3)	Die Kinder **spielen** mit dem Ball. 子どもたちがボールで遊んでいる。
sprechen* 話す		**Sprechen** Sie bitte noch lauter! どうかもっと大きな声で話してください。

statt|finden* 開催される		Wann **findet** das Konzert **statt**? いつコンサートが開催されるのですか？	
stehen* (立てて／置いて)ある	([場所])	Mein Auto **steht** neben der Bäckerei. 私の車はパン屋のとなりに停めてあります。	167
steigen* (s) 登る 降りる	 (auf [物]^{4}) in [物]^{4}	Ich **steige** auf den Berg. 私は山に登ります。 Der Preis steigt.　物価が上昇している。	
sterben* (s) 死ぬ		Einstein ist 1955 in den USA **gestorben**. アインシュタインは1995年にアメリカで死んだ。	
studieren 大学で勉強する		Ich **studiere** an der Universität Hamburg. 私はハンブルク大学で勉強している。	
teil|nehmen* 参加する	an [事]^{3}	Im Herbst **nehme** ich eine Woche an einem Deutschkurs **teil**. 秋に私は１週間ドイツ語コースに参加する。	
telefonieren 電話で話す	(mit [人]^{3})	Er **telefoniert** mit seiner Frau. 彼は妻と電話で話す。	168
trocknen 乾く		Das Hemd **trocknet** sofort. シャツはすぐに乾く。	
übernachten 宿泊する	[場所]	Heute **übernachten** wir in dieser Stadt. 今日、私たちはこの町に宿泊する。	
um|steigen* (s) 乗り換える	([場所]) (in [乗り物]^{4}) /	Sie **steigen** in Köln in die U-Bahn **um**. 彼らはケルンで地下鉄に乗り換える。	
um|ziehen (s) 引っ越す	[方向]	Er **zieht** in eine neue Wohnung **um**. 彼は新しいアパートに引っ越す。	
warten 待つ	auf [人・物・事]^{4}	Ich **warte** auf seine Antwort. 私は彼の返事を待っている。	169
weh|tun / weh tun* 痛む、痛い	([人]^{3})	Der Kopf **tut** mir **weh**. 私は頭痛がする。	
werden* (s) ～なる		Die Suppe **wird** kalt. スープが冷めます。	
wohnen 住む	[場所]	Marius **wohnt** bei seinen Eltern. マリウスは両親のところで暮らしている。	
zu|nehmen 増える		Ich habe im Urlaub 3 Kilo **zugenommen**. 休暇の間に私は３キロ太った。	
zurück|kommen* (s) 戻ってくる	(von [場所])	Meine Katze **kommt** abends **zurück**. 私の猫は夜に家に戻ってくる。	

II. 他動詞

動詞／意味	4格	その他	例文
170 **ab|holen** 迎えに行く	[人][物]^{4}	(von [場所]^{3})	Ich **hole** euch vom Bahnhof **ab**. 私は君たちを駅に迎えに行く。
ändern 変える 変わる	1) [人]^{4} 2) *sich*^{4}		Ich kann es nicht **ändern**. それは私には変えようがないよ。 Das Wetter **ändert** sich. 天気は変わりやすい。
an|rufen* 電話をかける	[人]^{4}		Ich **rufe** dich morgen **an**. 私は君に明日電話するよ。
an|ziehen* 惹きつける 身につける（着る・履く）	[物・事]^{4}		Die Werbung **zieht** viele junge Leute **an**. その広告は多くの若者を魅了している。 Ich **ziehe** die Schuhe **an**. 私は靴を履く。
ärgern 怒らせる ～に腹をたてる	1) [人]^{4} 2) *sich*^{4}	über	Meine Schwester **ärgert** mich immer. 私の妹はいつも私を怒らせる。 Ich **ärgere** mich über meine Schwester. 私は妹のことで腹をたてている。
171 **auf|geben*** あきらめる、やめる	[物][事]^{4}		Ich habe das Rauchen **aufgegeben**. 私はタバコをやめた。
auf|machen 開ける	[物]^{4}		**Machen** Sie bitte das Fenster **auf**. どうか窓を開けてください。
auf|räumen 片づける	[物]^{4}		Ich **räume** das Zimmer **auf**. 私は部屋を片づける。
aus|schalten スイッチを切る	[物]^{4}		Er **schaltet** die Tischlampe **aus**. 彼は卓上のライトを消す。
bauen 建てる、作る	[物]^{4}		Der Tempel wurde 1794 **gebaut**. この寺は1794年に建てられた。
172 **bedeuten** 意味する	[事]^{4}		Was **bedeutet** das Wort? この単語はどういう意味ですか。
bekommen* 受け取る	[物][事]^{4}		Ich **bekomme** von meinen Eltern ein Geschenk. 私は両親からプレゼントをもらう。

bemühen ～を得ようと努力する	*sich*^{4}	um 物・事^4	Sie **bemüht** sich um eine gute Beziehung zu ihrem Sohn. 彼女は息子と良い関係をもてるよう努力している。	
benutzen 利用する、使う	物・事^4		Wir **benutzen** das Bad gemeinsam. 私たちは風呂場を共同で利用している。	
beschäftigen ～に従事する、～に時間を割く	*sich*^{4}	mit 人・物・事^3	Seit drei Jahren **beschäftige** ich mich mit der modernen Geschichte Japans. ３年前から私は日本の現代史に取り組んでいる。	
besichtigen 見学する	物^4		Nachmittags **besichtigen** wir die Kirche. 午後に私たちは教会を見学する。	173
bestehen* 合格する	物・事^4		Die Schülerin hat die Prüfung **bestanden**. その女子生徒は試験に合格した。	
bestellen 注文する	物^4		Die Frau **bestellt** eine Tasse Kaffee. その女性はコーヒーを注文する。	
besuchen 訪問する	人^4 / 場所^4		Am Wochenende **besuche** ich meine Tante. 週末には私はおばを訪ねる。	
bezahlen 支払う	物^4		Ich **bezahle** die Rechnung mit Karte. 私は代金をクレジットカードで支払う。	
bitten ～に…をお願いする	人^4	um 物・事^4	Ich möchte Sie um Hilfe **bitten**. あなたに手伝いをお願いしたいのですが。	174
brauchen 必要とする	人・物・事^4		Ich **brauche** deine Hilfe. 私には君の助けが必要だ。	
bringen* 運ぶ	人・物・事^4		Sie **bringt** das Paket zur Post. 彼女はこの小包を郵便局に持っていきます。	
drücken 押す	人・物^4		**Drücken** Sie bitte diesen Knopf. このボタンを押してください。	

ein|laden* 招待する	人^{4}	(zu 事^{3})	Ich **lade** meine Freunde zum Abendessen **ein**. 私は友人たちを夕食に招待する。
175 **eignen** 合っている 適している	*sich*^{4}	für 人・物・事^{4}	Das Spielzeug **eignet** sich nicht für kleine Kinder. このおもちゃは小さな子どもには適していない。
ein|schalten スイッチを入れる	物^{4}		Sie **schaltet** den Computer **ein**. 彼女はコンピュータのスイッチを入れる。
empfehlen* 勧める	物・事^{4}	人^{3}	Sie **empfiehlt** mir dieses Wörterbuch. 彼女は私にこの辞書を勧める。
entschuldigen 許す	(事^{4})		**Entschuldigen** Sie bitte die Verspätung. 遅刻して申し訳ありません。
erinnern ～を思い出させる ～を思い出す	1) 人^{4} 2) *sich*^{4}	an 人・物・事^{4} an 人・物・事^{4}	Die Musik **erinnert** mich an meine Schulzeit. この音楽は私に学校時代を思い出させる。 Ich erinnere mich an meine Schulzeit. 私は私の学校時代を思い出す。
176 **erkälten** 風邪を引く	*sich*^{4}		Ich habe mich **erkältet**. 私は風邪をひいた。
erzählen 物語る	事^{4}	(人^{3})	Mein Opa **erzählt** uns Märchen. 私のおじいちゃんは私たちにメルヘンを話してくれる。
essen* 食べる	物^{4}		Er **isst** jeden Tag Obst zum Frühstück. 彼は毎日朝食に果物を食べる。
feiern 祝う	物・事^{4}		Er **feiert** seinen Geburtstag. 彼は自分の誕生日を祝う。
finden* 見つける ～だと思う	1) 人・物・事^{4} 2) 人・物・事^{4}	形	Der Hund **findet** auf der Straße einen Ball. 犬が道でボールを見つける。
177 **fragen** 質問する ～について尋ねる	1) 人^{4} 2) (人^{4})	nach 事^{3}	Ich **frage** dich. 私は君に質問する。 Der Mann **fragt** nach dem Weg zum Bahnhof. その男性は駅までの道を尋ねる。

freuen ～を喜ぶ ～を楽しみにする	1) *sich*^{4} 2) *sich*^{4}	über [物・事]^{4} auf [物・事]^{4}	Ich **freue** mich über das Geschenk. 私はプレゼントをとてもよろこんでいる。 Wir **freuen** uns auf die Sommerferien. 私たちは夏休みを楽しみにしている。	
fühlen ～を感じる 自分が～に感じる	1) [事]^{4} 2) *sich*^{4}	[様態]	Ich **fühle** Schmerzen im Rücken. 私は背中に痛みを感じる。 Ich **fühle** mich wohl. 私は気分がいい。	
geben* 与える	[物・事]^{4}	[人]^{3}	Sie **gibt** ihrem Bruder einen Kugelschreiber. 彼女は弟にボールペンをあげる。	
glauben 信じる、思う	[事]^{4}		Ich **glaube**, er ist noch in München. 私は、彼はまだミュンヘンにいると思うよ。	
grüßen 挨拶する、挨拶を伝える	[人]^{4}	(von [人]^{3})	**Grüßen** Sie ihn von mir. 彼によろしくお伝えください。	178
haben* 持つ	[人・物・事]^{4}		**Haben** Sie keinen Hunger? お腹は空いていませんか。	
handeln ～が問題である	*sich*^{4} (es handelt sich um [4格] で)		Es **handelt** sich dabei um Martin Luther. それはマルティン・ルターのことです。	
hängen かける、吊るす	[物]^{4}	([方向])	Er hat das Bild an die Wand **gehängt**. 彼は絵を壁に掛けた。	
heiraten 結婚する	[人]^{4}		Ich **heirate** bald diesen Mann. 私はもうすぐこの男性と結婚する。	
hören 聞く	[人・物・事]^{4}		Ich **höre** gern deutsche klassische Musik. 私はドイツのクラシック音楽が好きだ。	179

interessieren 興味を起こさせる 興味を持つ	1) [人]^4 2) *sich*^{4}	(für [人・物・事]^4 / an [人・物・事]^3) für [人・物・事]^4	Sein Leben **interessiert** mich. 彼の人生は私に興味を起こさせる。 Ich **interessiere** mich für deutsche Musik. 私はドイツの音楽に興味を持っている。
kaufen 買う	[物]^4	([人]^3)	Das Mädchen **kauft** sich im Supermarkt zwei Brötchen. 女の子はスーパーマーケットでミニパンを2つ買う。
kennen* 知っている	[人・物・事]^4		**Kennt** ihr das Bio-Restaurant am Rathaus? 君たちは市役所のところにある自然食レストランを知ってる？
kennen|lernen 知り合う、～に精通する、よく知る	[人]^4		Ich habe sie in der Schule **kennengelernt**. 私は彼女と学校で知り合った。
180 **kochen** 調理する、ゆでる	[物]^4		Ich **koche** Wasser. 私はお湯を沸かす。
kosten (お金・労力などが) かかる	[物・事]^4		Das Heft **kostet** einen Euro. このノートは1ユーロです。
kümmern 面倒を見る、世話をする	*sich*^{4}	um [人・物・事]^4	Ich **kümmere** mich um das Mittagessen der Kinder. 私は子どもたちの昼食の面倒をみる。
lassen* ～させる ～のままにしておく	[人・物・事]^4	不定詞 (句)	Ich **lasse** mir die Haare schneiden. 私は (美容院で) 髪の毛を切る。 Er **läßt** die Kinder im Garten spielen. 彼は子どもたちを庭で遊ばせておく。
legen (横にして) 置く ～に横になる	1) [人・物・事]^4 2) *sich*^{4}	([方向]) ([方向])	Er **legt** seine Hand auf meine Schulter. 彼は手を私の肩に置く。 Er **legt** sich auf das Sofa. 彼はソファに横になる。

181

leihen* 貸す 借りる	1) 人^{3} 物^{4} 2) 物^{4} von 人^{3}		Er **leiht** mir das Buch. 彼は私に本を貸す。 Ich **leihe** von ihm das Buch. 私は彼から本を借りる。
lernen 学ぶ	事^{4}		Seit 6 Monaten **lernt** mein Sohn Französisch. 6ヶ月前から私の息子はフランス語を学んでいる。
lesen* 読む	物^{4}		Beim Frühstück **liest** sie immer Zeitung. 朝食の時に彼女はいつも新聞を読む。
lieben 愛する 愛し合う（主語が複数形で）	1) 人・物・事^{4} 2) *sich*^{4}		Ich **liebe** dich. **Liebst** du mich nicht mehr? ぼくは君を愛している。君はぼくをもう愛していないの？ Sie **lieben** sich schon lange. 彼らはもう長い間愛し合っている。
machen する、作る	物・事^{4}		Am Sonntag **mache** ich einen Ausflug. 日曜日に私はハイキングに行く。
meinen 思う、～との意見である	事^{4}		Was **meinen** Sie dazu? それについてあなたはどう思いますか。
mieten （お金を払って）借りる	物^{4}		Ich **miete** hier in der Nähe eine Wohnung. 私はこの近くにアパートの部屋を借りている。
mit|bringen* 連れて（持って）くる	人・物・事^{4}		Ich **bringe** meine Freunde nach Hause **mit**. 私は友人たちを家に連れてくる。
mit|nehmen* 連れて（持って）いく	人・物^{4}		**Nehmen** Sie einen Pullover **mit**. セーターを持ってきてください。
nehmen* とる、利用する	人・物・事^{4}		Du sollst zum Flughafen ein Taxi **nehmen**. 君は空港までタクシーを利用したほうがいい。

182

183	**nennen*** と名づける、呼ぶ	人・物・事^{4}	4格（名前など）	Meine Mutter **nennt** mich Stefchen. 私の母は私のことをシュテフヒェンと呼ぶ。
	öffnen 開ける	物^{4}		**Öffnen** Sie bitte die Tür. ドアを開けてください。
	packen （荷物を）つめる 〜を〜につめる	1) 物・事^{4} 2) 物・事^{4}	 方向	Ich **packe** meinen Koffer. 私はスーツケースの荷造りをする。 Ich **packe** ein paar Bücher in den Koffer. 私はスーツケースに何冊かの本をつめる。
	probieren 試す	物・事^{4}		Ich möchte diesen Wein **probieren**. 私はこのワインを試してみたいのですが。
	putzen 掃除する、磨く	物^{4}		Sie **putzen** freitags die Wohnung. 彼らは毎週金曜日に家を掃除する。
184	**reparieren** 修理する	物・事^{4}		Der Junge **repariert** das kaputte Radio. 少年は壊れたラジオを修理する。
	rufen* 呼ぶ	人・物・事^{4}		**Rufen** Sie ein Taxi. タクシーを呼んでください。
	sagen 言う	事^{4}		**Sagen** Sie bitte Ihre Meinung. どうぞご自身の意見を言ってください。
	schenken 贈る	物^{4}	人^{3}	Ich **schenke** meiner Mutter eine Uhr. 私は母に時計を贈る。
	schicken 送る	物^{4}	(人^{3} / an 人^{4})	Wem **schickst** du die Karte? 君は誰にこのカードを送るの？
185	**schließen*** 閉じる	物・事^{4}		Kannst du bitte die Tür **schließen**? ドアをしめてもらえる？
	schneiden* 切る	物^{4}	(in 形状^{4})	Er **schneidet** das Fleisch in kleine Stücke. 彼は肉を小さく切る。

schreiben* 書く	物^{4}	(人^{3} / an 人^{4})	Ich **schreibe** an meine Tochter eine E-Mail. 私は娘にメールを書く。
sehen* 見る、見える	人・物・事^{4}		**Siehst** du links ein Krankenhaus? 左手に病院が見える？
setzen 座らせる・置く 座る	1) 人・物・事^{4} 2) *sich*^{4}	(方向) (方向)	Sie **setzt** ihren Hund unter den Tisch. 彼女は自分の犬をテーブルの下に座らせる。 Ich **setze** mich auf den Stuhl. 私は椅子に座る。
singen 歌う	物^{4}		Er **singt** gern deutsche Lieder. 彼はドイツ民謡を唄うのが好きだ。 186
sparen 節約する、蓄える	物・事^{4}		Wir **sparen** Geld und Energie. 私たちはお金とエネルギーを節約する。
spielen (スポーツ／楽器などを) する	物^{4}		Sie **spielt** gut Klavier. 彼女はピアノが上手だ。
sprechen* 話す	物・事^{4}		**Sprechen** Sie Deutsch oder Englisch? ドイツ語か英語を話しますか。
stellen (立てて) 置く ～に立つ	1) 人・物・事^{4} 2) *sich*^{4}	(方向) (方向)	Er **stellt** das Foto auf den Tisch. 彼は写真を机の上に立てる。 Er stellt sich vor die Tür. 彼はドアの前に立つ。
studieren 専攻する	事^{4}		Ich **studiere** Wirtschaft und Informatik. 私は経済学と情報学を専攻している。 187
suchen 探す	人・物・事^{4}		Ich **suche** eine Bank. 私は銀行を探している。
tragen* 運ぶ、身につける	人・物・事^{4}		Meine Tochter **trägt** eine Brille. 私の娘はメガネをかけている。

	treffen* （偶然）会う （約束して）会う	1) [人]^4 2) *sich*^{4}		Gestern habe ich ihn im Kino **getroffen**. 昨日、私は彼と映画館で偶然会った。 Ich **treffe** mich um halb vier mit meinem Vater. 私は３時半に父と待ち合わせをしている。
	trinken* 飲む	[物]^4		Er **trinkt** Kaffee manchmal mit Milch. 彼はコーヒーにたまにミルクを入れる。
188	**trocknen** 乾かす	[物]^4		Ich **trockne** die Wäsche. 私は洗濯物を乾かす。
	tun* 入れる する	1) [物・事]^4 2) [事]^4	([方向]) für^4 [人・物・事]^4	Ich **tue** meine Kleider in den Schrank. 私は洋服をタンスの中に入れる。 Sie **tun** viel für ihren Garten. 彼らは庭仕事に時間をかける。 （＝庭のためにたくさんのことをする）
	überlegen よく考える、熟慮する	[物・事]^4	(*sich*^{3})	Ich **überlege** mir noch die Lösung. 私は解決策についてもっとよく考えます。
	übernehmen* 引き受ける	[物・事]^4		Er **übernimmt** die Arbeit. 彼はその仕事を引き受ける。
	um|ziehen* 着替える	*sich*^{4}		Ich **ziehe** mich **um**. 私は着替える。
189	**unterstützen** 支援する、支える	[人・物・事]^4		Die Stadt **unterstützt** junge Musiker. 町は若い音楽家たちを支援している。
	verabreden （会う）約束をする	*sich*^{4}	mit [人]^3	Ich habe mich mit ihm um 10 Uhr **verabredet**. 私は彼と 10時に会う約束をした。
	verändern 変わる	*sich*^{4}		Meine Heimat hat sich sehr **verändert**. 私の故郷の町は大きく変わった。

verbessern 改善する、より良くする	物・事^{4}		Ich möchte meine Deutschkenntnisse **verbessern**. 私は自分のドイツ語力を上げたい。	
verbrauchen 消費する	物^{4}		Im Sommer **verbraucht** man viel Strom. 夏には多くの電気が消費される。	
verdienen 稼ぐ、得る	物・事^{4}（目的語なしでも）		Sie **verdient** viel. 彼女はたくさん稼いでいる。	190
vergessen* 忘れる	人・物・事^{4}		Ich habe seinen Namen **vergessen**. 私は彼の名前を忘れた。	
verkaufen 売る	物・事^{4}		Hier werden viele alte Möbel **verkauft**. ここではたくさんの古い家具が売られている。	
verlassen* 離れる、去る	人・物・事^{4}		Um 19 Uhr hat sie das Haus **verlassen**. 19時には彼女はその家を出た。	
verlieren 失う、なくす	物・事^{4}		Er hat irgendwo seine Tasche **verloren**. 彼はどこかで自分のカバンをなくした。	
versprechen* 約束する	物・事^{4}	人^{3}	Sie hat mir **versprochen**, mir das Buch zu geben. 彼女は私にその本をくれると約束した。	191
verstehen* 理解する	人・物・事^{4}		**Verstehst** du meine Frage? 君は私の質問を理解している？	
vor|haben* 予定する	事^{4}		Was **hast** du am Sonntag **vor**? 君は日曜日に何を予定しているの？	

vor|stellen 自己紹介する ～を紹介する 想像する、具体的にイメージする	1) *sich*^{4} 2) [人・物・事]^4 3) [人・物・事]^4	 *sich*^{3}	Können Sie sich bitte **vorstellen**? 自己紹介していただけますか。 Darf ich Ihnen meine Kollegen **vorstellen**? 私は皆様に同僚たちを紹介してもよろしいでしょうか。 Kannst du dir **vorstellen**, dass er Arzt wird? 彼が医者になるって想像できる？
waschen* 洗う (自分の全身を) 洗う (自分の体の一部を) 洗う	1) [人・物]^4 2) *sich*^{4} 3) [物]^4	 *sich*^{3}	Ich **wasche** meine Wäsche mit der Hand. 私は洗濯物を手で洗う。 Ich **wasche** mich. 私は体を洗う。 Ich **wasche** mir die Hände. 私は手を洗う。
▶ 192 **wiederholen** くり返す			Wir müssen die Übung **wiederholen**. 私たちはこの練習をくり返さなくてはならない。
wissen* 知っている	[事]^4		Ich **weiß** nicht, woher er kommt. 私は彼がどこの出身か知らない。
wünschen 願う	[事]^4	([人]^3)	Ich **wünsche** Ihnen alles Gute. お元気で。
zeigen 見せる、示す	[物]^4	([人]^3)	Ich **zeige** Ihnen den Weg zum Marktplatz. 私はあなたに市庁舎前広場までの道を案内します。

III. 話法の助動詞と möchte*

193

dürfen	（許可） ～してよい	**Darf** ich Sie etwas fragen? ちょっと質問してもよろしいでしょうか。 Hier **darf** man nicht fotografieren. ここで写真を撮ってはいけません。
können	（能力・可能性） ～できる	**Können** Sie mir helfen? 手伝っていただけますか。 Er **kann** sehr gut kochen. 彼は料理がとてもじょうずです。
müssen	（必然性・強制） ～しなければならない ＊否定では「する必要がない」	Ich **muss** noch eine E-Mail schreiben. 私はまだメールを１通書かなければなりません。 Du **musst** das Buch nicht kaufen. 君はこの本を買う必要はないよ。
sollen	（他者の意思・要求） ～すべきだ	**Soll** ich es noch einmal sagen? もう一度言ったほうがいいですか？ Die Studenten **sollen** 2 Jahre Deutsch lernen. 学生たちは２年間ドイツ語を学ぶことになっている。
wollen	（意思・主張） ～するつもりだ	Ich **will** die Stadt noch einmal besuchen. 私はこの町をもう一度訪れるつもりだ。 **Willst** du wirklich die Prüfung machen? 君は本当にこの試験をうけるつもりなの？
möchte	（丁寧な願望の表現） ～したいのですが	**Möchten** Sie einen Kaffee? コーヒーはいかがですか。 Ich **möchte** zum Arzt gehen. 私は医者に行きたいのですが。

*möchte は話法の助動詞の不定形ではないが、それに準じて用いられる。

索　引

＊数字はページ番号

C ----------------

D ----------------

K - - - - - - - - - - - - - - - -

L - - - - - - - - - - - - - - - -

S -----------------

著者紹介

中川純子（なかがわ　じゅんこ）
慶應義塾大学、獨協大学、お茶の水女子大学非常勤講師。立教大学文学部ドイツ文学科卒業後、東京大学大学院総合文化研究科言語情報科学専攻、学術博士。
DAAD奨学金によりミュンスター大学留学。
主な執筆著書は『ドイツ語発音・発話徹底ガイド』（郁文堂）共著
URL:「ドイツ語発音の森」
https://fit-aussprache.com

※本書は第三書房から刊行された『音読で学ぶドイツ語』に一部修正を加えたものです。

音読で学ぶドイツ語単語集
1200の語彙と初級文法が
身につく厳選フレーズ

2023年 6 月20日　初版発行

著　者　中　川　純　子
発行者　柏　倉　健　介
印刷所　幸和印刷株式会社

発行所　株式会社　**郁　文　堂**　〒113-0033　東京都文京区本郷5-30-21
Tel. 03(3814)5571(代)　振替 00170-9-452287

落丁・乱丁本はお取り替えいたします　*Printed in Japan*

ISBN 978-4-261-07360-7